Lars A. Fischinger

Die Akte 2012

Lars A. Fischinger

Die Akte 2012

Wahn und Wirklichkeit

SILBERSCHNUR

ISBN: 978-3-89845-310-3

1. Auflage 2010

Gestaltung & Satz: XPresentation, Güllesheim
Druck: Finidr, s.r.o. Cesky Tesin

Verlag »Die Silberschnur« GmbH · Steinstraße 1 · D-56593 Güllesheim
www.silberschnur.de · E-Mail: info@silberschnur.de

Inhalt

Widmung

Für Prinzessin Leia und Mietz
sowie natürlich für
SONJA AMPSSLER

Vorwort

Weihnachten im Dezember 2012 - bald ist es so weit! Freuen Sie sich auf Geschenke und schöne Tage mit den Lieben daheim? Freuen Sie sich auf einen Kurzurlaub, da 2012 Weihnachten für den Arbeitnehmer ausgesprochen günstig liegt? Oder sind Sie astronomisch interessiert und freuen sich auf den Venustransit am 6. Juni des Jahres und die Sonnenfinsternis in Asien am 20. Mai 2012? Oder fiebern Sie als sportbegeisterter Mensch den 30. Olympischen Sommerspielen vom 27. Juli bis 12. August in London entgegen? Oder der Fußballeuropameisterschaft in der Ukraine und Polen im Sommer?

Oder ganz anders: Sind Sie - wie ich! - an der Esoterik und Grenzwissenschaft interessiert, und sehen Sie 2012 aus einem vollkommen anderen Blinkwinkel? Denn, so heißt es im Internet und in unzähligen Büchern, die wie Pilze aus dem Boden schießen: Am 21. Dezember 2012 endet der Jahrtausende alte Kalender der Maya aus Mexiko, und angebliche Prophezeiungen der Maya sagen Grausames, Erstaunliches bis Sensationelles oder auch Heilvolles für das Jahr 2012 voraus. Heißt es zumindest auf Millionen von Webseiten und in Tausenden von Veröffentlichungen ... Roland Emmerich hat im November 2009 einen Film in die Kinos gebracht, der den Titel *2012* trägt. Darin geht die Welt unter - angeblich, weil es die Maya so prophezeit haben. Es kam, so berichtete *Bild online* am 16. November 2009, nach dem Filmstart zu "täglich Zigtausenden Anfragen aus der ganzen Welt", die voller Panik wissen wollten, ob man uns noch retten könne. Sie sollten sich allerdings umgehend von Emmerichs Fiktion verabschieden und auf die *Realität* des Jahres 2012 blicken. Was passiert in weniger als zwei Jahren?

Bei meinen jahrelangen Recherchen zum Thema 2012 habe ich eines mit Sicherheit festgestellt: Die esoterische Welt ist in Aufruhr! Die Aussagen in Büchern, Artikeln und im Internet über das Jahr 2012 sind dabei derart verworren und auch widersprüchlich, dass kaum jemand noch den wahren Kern dahinter erkennt und vor allem - versteht. Der Weltuntergang, die Ankunft von Außerirdischen (= die einstigen Götter der Maya), ein "Bewusstseinssprung der Menschheit", der Aufstieg unseres Planeten in eine andere Dimension und vor allem auch die Wiederkehr des Planeten X in Erdnähe sind Themen, die mit 2012 verknüpft werden. Mit dem Planeten X ist dabei der Planet Nibiru gemeint, den ein Amerikaner vor über 30 Jahren "entdeckt" haben will. Dieser Planet umrundet die Sonne in 3600 Jahren, soll von intelligenten Wesen bewohnt sein und bei seiner Rückkehr ins innere Sonnensystem (wieder) verheerende Zerstörungen mit sich bringen. Eine Art Weltuntergang.

Mit wachem Auge habe ich das Thema beobachtet und hinterfragt. Dabei bin ich auf interessante Aspekte und Fakten gestoßen, die bislang offensichtlich niemand zur Kenntnis genommen hat. Lesen Sie hier die Wahrheit zu 2012.

Lars A. Fischinger
November 2009

TEIL I

Die Maya: Gottkönige im Dschungel, der Kalender der Maya und 2012

Alles dreht sich um die Maya, alles und jeder spricht von dem seltsamen Volk aus dem fernen Amerika. Jeder Esoteriker spricht von dessen Kalender und von angeblichen Prophezeiungen für unsere Zeit. Wer aber waren die Maya eigentlich? Was ist an diesem Volk so interessant? Woher kommen die Maya - warum verschwanden sie?

Das Siedlungsgebiet der Maya, einer Hochkultur, die, Funden zufolge, von etwa 3000 v. Chr. bis etwa 900 n. Chr. existierte, war vor allem die Halbinsel Yucatán, die heutigen Staaten Belize, Honduras, Guatemala und Südost-Mexiko in Lateinamerika. Städte wie Tikal aus der Klassischen Periode der Maya-Kultur oder das UNESCO-Weltkulturerbe Palenque, das bereits 993 vor Christus existiert haben soll, sind heute weltberühmt.

Und im heutigen Belize liegen die Maya-Ruinen von Cuello in der Provinz Ogange Walk, eine der ältesten Siedlungen der frühen

Der "Tempel der Inschriften" von Palenque in Mexiko. Hier wurde das erste Grab in einer Pyramide Mexikos gefunden - und Jahreszahlen, die weit über 2012 hinausgehen. Quelle: Peter Fiebag

Maya überhaupt, die bereits vor über 4000 Jahren besiedelt war. Ebenso legendär ist Lamanai, ebenfalls Belize, das bereits 1500 vor Christus besiedelt und selbst bei der Ankunft der Spanier noch bewohnt war. Rund 20.000 Menschen sollen in der Hochblüte um 700 nach Christus in der Stadt gelebt haben. Letztlich kennen die Archäologen natürlich auch die Ruinenstadt Nakbe in der Provinz Petén in Guatemala, wo etwa 1400 vor Christus bereits die ersten Maya-Indianer siedelten. Diese Stätten beweisen nicht nur das Alter der Maya-Kultur, sondern sie belegen auch, dass der Dschungel bereits vor Jahrtausenden besiedelt war und die Völker dort über erstaunliche Fertigkeiten verfügten.

Zu den bekanntesten Stätten zählt die legendäre Stadt Palenque, die bereits 993 vor Christus von einem König namens U-Ch'ix-K'an regiert worden sein soll. Ungleich berühmter ist hingegen ein anderer: König K'inich Janaab' Pakal I., der von 615 bis zu seinem Tode 683 nach Christus Herrscher von Palenque gewesen sein soll und heute als "Pakal der Große" bekannt ist. Vor allem in der Grenzwissenschaft ist Pakal seit über 40 Jahren ein Begriff: Im "Tempel der Inschriften" von Palenque, dem Grab von König Pakal, befindet sich, ähnlich wie in ägyptischen Pyramiden, eine unterirdische Krypta mit einem Sarg. In dieser vom mexikanischen Archäologen Professor Dr. Alberto Ruz Lhuillier 1952 gefundenen unbeschädigten Kammer soll der König beerdigt worden sein. Verschlossen war das Grab mit der prachtvollen Grabplatte von Palenque*, ein Steinrelief, das vor allem durch Erich von Dänikens Buch *Erinnerungen an die Zukunft* weltberühmt wurde. Darin berichtet der Schweizer Autor, dass das Relief auf der Platte vielleicht einen Raumfahrer in einem Raumfahrzeug darstellen könnte. Eine Idee, die bis heute in der Prä-Astronautik, also der These, dass die "Götter" der Vorzeit Außerirdische waren, heftig diskutiert wird.

Die frühe Erforschung der Maya-Ruinen war auch verbunden mit esoterisch-okkulten Einsichten über dieses Volk. Die Sprache der Maya, bestehend aus Bildsymbolen, war damals noch vollkommen unbekannt, doch erste Erkundungen der Ruinen zum Beispiel im 18. Jahrhundert regten Esoteriker in Europa und den USA bereits zu den verschiedensten Thesen an. Aufgrund der Tatsache, dass auch die

*Im "Mystery Park" in Interlaken, Schweiz, einem Park zu den Rätseln der Vergangenheit nach den Ideen von Dänikens, ist eine Kopie der fast 1500 Jahre alten Grabplatte zu bewundern. Ebenso bewunderte ich bei meinen Recherchen in Mexiko im Museo Nacional de Antropologia, dem Nationalmuseum für Anthropologie in Mexiko-City, einen Nachbau der Grabanlage mit der Grabplatte von König Pakal aus dem "Tempel der Inschriften". Die Sammlung des Museums aus der frühen Geschichte Mexikos zählt heute zu den bedeutendsten Ausstellungen der Welt.

Maya Stufenpyramiden gebaut haben, spekulierten zahlreiche Esoteriker, dass die Maya Nachfahren der Menschen von Atlantis waren. Dabei blickten sie auch auf die Pyramiden in Ägypten und sahen hier Zusammenhänge bzw. eine Art kulturelle Urquelle. So etwa der Buchautor Melchizedek, der sicher ist, dass die Maya vor mindestens 26.000 Jahren aus dem All kamen und nach dem Untergang von Atlantis vor 13.000 Jahren (durch einen physischen Polsprung) Mexiko erreichten. Melchizedek behauptet auch, dass diese spekulativen Ideen nicht zu widerlegen seien: "*Sie* (die Maya, Anm. d. Autors) *waren mindestens 26.000 Jahre auf der Erde. Die Wissenschaft kann das nicht widerlegen, weil sie nichts über die Maya weiß, nicht weiß, woher sie kamen, oder sie wirklich kennt.*"[1] Und weiter will der Autor wissen: "*Als Atlantis vor 13.000 Jahren wegen des erwähnten physischen Polsprungs sank, sprangen die Maya in ihre Boote und fuhren nach Yucatán, nicht weit von der Südwest-Ärea (sic) von Atlantis.*"[2]

Auch der Esoteriker und Autor Semir Osmanagi (= Sam Osmanagich) ist sich nicht nur sicher, dass es in Bosnien uralte Pyramiden gibt (jene bei ica, die seit einigen Jahren diskutiert werden), sondern auch: "*Die Maya erlangten Wissen von ihren Vorfahren in Atlantis und Lemuria (Mu)* (Lemuria soll ein versunkener Kontinent im Indischen Ozean sein, Mu das Gegenstück im Pazifik, Anm. d. Autors).

Städte wurden um einen zentralen Platz herum geplant und errichtet, dem die Tempel und Pyramiden zugewandt waren. Sie korrespondierten mit dem Lauf der Sonne und anderer Himmelskörper. (...) Viele Kulturen in der ganzen Welt, aus Indien, Sumer, Ägypten, Peru, die Indianer von Nord- und Zentralamerika, die Inka und Maya, nennen sich selbst die 'Kinder der Sonne' oder 'Kinder des Lichts'. Ihre Vorfahren, die Zivilisationen von Atlantis und Lemuria, errichteten die ersten Tempel auf energiereichen Plätzen des Planeten. Ihre wichtigste Funktion war die als Portale zu anderen Welten und Dimensionen."[3] *"Die Maya sind Kreaturen des Lichts"* und ihr Wissen sei kosmischen Ursprungs, weiß der Autor. Angeblich 11.000 Jahre soll das alles her sein. Ich frage mich, warum er die Maya um so viele Jahre älter macht? Ich kenne die Geschichte der Maya nämlich durch die - von manchen Esoterikern gern ignorierte - Archäologie heute recht genau.

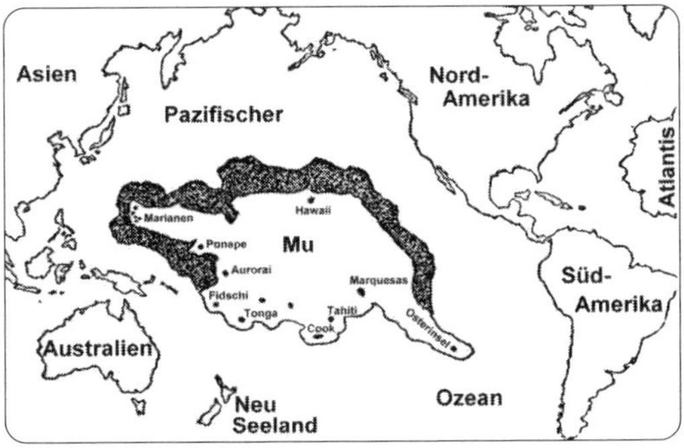

Das legendäre Mu.
Quelle: Lars A. Fischinger, nach James Churchward 1926

Die Gründe für solche Thesen sind aus der Sicht des *18.* Jahrhunderts leicht verständlich: Das Alter der vom Dschungel verschluckten Ruinen und die Schrift der Maya waren fremd und unbekannt. Moderne Datierungen wie die Kohlenstoffdatierung von organischem Material gab es nicht. Aus damaliger Sicht konnten es also Ruinen von Atlantis-Nachfahren sein, die vor Jahrtausenden in Mexiko (und auch Ägypten) gestrandet waren. Bereits Johann Friedrich von Waldeck (1766-1875) spekulierte, dass die Maya von weit her kamen. Auch als einen der "verlorenen Stämme Israels" sah man die Maya damals an. Moderne Atlantis-Gläubige verweisen auf die Ähnlichkeiten der alten und neuen Welt. Dabei berufen sich zahlreiche Autoren auf die interessanten Thesen und Arbeiten von Professor Charles Hapgood (*Maps of the Ancient Sea Kings*, 1965). Dieser ging davon aus, dass sich die Erdkruste als Ganzes ruckartig verschieben konnte, und Naturkatastrophen und Vereisungen von zuvor warmen Ländern (Antarktis) waren laut ihm die Folge. Viele teilen diese Idee. Bestsellerautor Graham Hancock schließt sich ihr zum Beispiel 1995 in seinem umfangreichen Buch *Fingerprints of the Gods* (dt. *Die Spur der Götter,* 1995) an. Andere Autoren von Büchern zu Atlantis folgten, und alle sehen eine Verbindung der alten Kulturen untereinander. Inklusive der Maya.

Einen Kontakt über den Atlantischen Ozean schließen sie nicht aus - vor allem seit dem denkwürdigen Experiment des Norwegers Thor Heyerdahl (1914-2002) mit Namen *Ra II*. Es war ein Experiment, dem heute viele Autoren von Büchern über Atlantis große Bedeutung beimessen. Nachdem das Experiment *Ra I* im Jahr 1969 gescheitert war - das Boot erlitt Schiffbruch -, stach der legendäre Abenteurer am 17. Mai 1970 erneut in Richtung Westen in See, überquerte den Atlantik und erreichte mit diesem primitiven Boot aus Papyrus am 12. Juli tatsächlich Mittelamerika. Heyerdahl hat damit *bewiesen*, dass es *theoretisch* möglich ist, den Atlantik in einfachen Booten aus Papyrus zu überqueren. Sein Bericht *Expedition Ra: Mit dem Sonnenboot in die Vergangenheit* von 1972 inspiriert bis heute Forscher, Grenzwissenschaftler und Abenteurer, die zum Teil noch heute solche Bootsexpeditionen durchführen. Allen voran der ehemalige Lehrer Dominique Görlitz aus Gotha, der "Steinzeit-Segler", wie ihn *Spiegel online* nannte, der "der neue Thor Heyerdahl werden" möchte. Görlitz versuchte ebenfalls, mit steinzeitlichen Booten die Meere zu befahren. Sein Versuch nachzuweisen, dass schon vor 14.000 Jahren die Meere befahren wurden, scheiterte jedoch im Sommer 2007. Aber Görlitz *"beharrt auf seiner Annahme, dass eine Atlantiküberquerung mit Schilfbooten schon in der Steinzeit möglich war"*, schrieb damals zum Beispiel *Der Tagesspiegel* anlässlich des Scheiterns des neuerlichen Experimentes. Auch mir gegenüber bestätigte Görlitz bei einem Treffen seine Ansichten. War die Hochkultur der Maya demnach doch von der alten Welt beeinflusst?

Das Papyrusboot Ra II, mit dem Thor Heyerdahl 1970 den Atlantik in Ost-West-Richtung überquerte. Quelle: China Crisis

Auch wenn im alten Ägypten überhaupt keine Darstellungen von Papyrus-Booten nach dem Modell von *Ra II* existierten?

Nun, der Beweis, dass es theoretisch möglich war, vor Jahrtausenden den Atlantik zu überqueren, beweist nicht, dass es auch *tatsächlich* getan wurde. Die Autoren Adrian Gilbert und Maurice Cotterell geben zu bedenken: "*Mit seiner Expedition hat Heyerdahl zwar bewiesen, dass eine Atlantiküberquerung den Ägyptern der Pyramidenzeit prinzipiell möglich gewesen war, aber er hat nicht die Frage beantwortet, ob eine solche Überquerung tatsächlich stattgefunden hat.*"[4] Dennoch ist sich Gilbert in seinem interessanten Buch *21. Dezember 2012* sicher, dass es wohl ein Atlantis und Kontakt zu den Maya gab, wie er umfassend ausführt.

Ich weiß nicht sicher, ob die Maya oder ihre Vorgänger Kontakt zur alten Welt hatten, ich bin aber überzeugt davon, dass es vor Jahrtausenden - lange vor Kolumbus - Kontakt zwischen den Völkern auf beiden Seiten des Ozeans gab. Meiner Überzeugung nach sind die Hinweise darauf zu eindeutig: Hinweise wie etwa Darstellungen von Menschen in Mexiko, die ich auch bei meinen Recherchen sah, die nicht wie Indianer aussehen. Ebenso erstaunlich sind diverse Funde oder Inschriften, die zahlreiche Autoren und Atlantis-Freunde inzwischen zusammengetragen haben. Zum Beispiel dokumentiert das Buch *Sorry, Kolumbus* der Archäologin Heinke Sudhoff in Wort und Bild hervorragende Belege für Besuche der alten Welt in Amerika. Auch US-Bestsellerautor Ignatius Loyola Donnelly ging in seinem Buch, *Atlantis, the Antediluvian World* (dt. *Atlantis, die vorsintflutliche Welt*, 1911) von 1882 von einer Beeinflussung durch Atlantis aus, und viele Autoren stützen sich bis heute auf seine Ideen.

Wie dem auch sei ... bedenken muss man: Zwischen dem Bau der Pyramiden in Afrika und dem der Bauten in Mexiko liegen mehrere tausend Jahre: Gizeh nahe Kairo etwa soll circa 2500 vor Christus erbaut worden sein - Tikal in Mexiko mit seinen Pyramiden wurde frühestens 900 vor Christus besiedelt, und die Tempelbauten dort entstanden etwa ab dem zweiten Jahrhundert nach Christus. In Ägypten war die Ära der Pyramidenbauer zu dieser Zeit bereits längst zu Ende gegangen, was gerne übersehen wird. Außerdem habe ich bei meinen Forschungen in Ägypten wie auch in Mittelamerika gesehen, dass es zwischen den Pyramiden hier und dort *deutliche* Unterschiede gibt. Augenscheinlich ist schon die unterschiedliche Funktion der Bauwerke: hier Gräber für Könige - dort, bis auf einige Ausnahmen, die ebenfalls Gräber beherbergten, vor allem Tempel und/oder Observatorien mit einem "Haus" an der Spitze. Diese erinnern eher an die Tempeltürme Mesopotamiens (Iran, Irak), die Zikkurate, die in

Bauweise und Funktion fraglos Ähnlichkeit haben mit den Bauten Mittelamerikas. In Mexiko wurden Pyramiden auch immer wieder überbaut und somit vergrößert. In Ägypten nicht.

Trotz allem schließe ich, wie bereits erwähnt, einen Kontakt der alten Völker untereinander nicht aus. Doch zurück zu den Maya - woher kamen sie? Wer waren sie? Was glaubten sie?

Das Kernland des rund 350.000 Quadratkilometer umfassenden Siedlungsgebietes der Maya war, wie wir gesehen haben, die Halbinsel Yucatán von Mexiko. Heute ordnet die Forschung die Kultur der Maya in etwa sieben Perioden ein, wobei die "Frühe Präklassik" die älteste Periode ist. Ab etwa bereits 3000 vor Christus wurde im späteren Gebiet der Maya die Landwirtschaft entwickelt, und auch erste Siedlungen sind in dieser Periode nachweisbar - jedoch nicht "die Maya" an sich. Das Volk der Maya soll sich um 2000 vor Christus entwickelt haben. Damit ist die Kultur heute 4000 Jahre alt! *Heute* deshalb, da es noch immer Angehörige des Volkes der Maya in Mittelamerika gibt. Nach Informationen von Ethnologue.com leben heute in Guatemala, Mexiko (Yucatán), Belize und Honduras noch 6,1 Millionen Maya. Guatemala beispielsweise zählt 40 Prozent der Bevölkerung des Landes zu den Maya. In den Anfängen jedoch, 3000 bis 2000 vor Christus, kann noch nicht von der Kultur der Maya gesprochen werden. Es waren einfache Dörfer der ersten Bauern Mittelamerikas, ganz ähnlich wie sie auch in Mesopotamien oder dem Nahen Osten nachweisbar sind, wo etwa ab 3800 vor Christus Hochkulturen wie die Sumerer oder später die Babylonier geboren wurden. Erst ab 900 vor Christus sprechen die Maya-Experten von der "Mittleren Präklassik", die rund 500 Jahre später endete. Neben dem Handel entwickelten sich in dieser Zeit auch das Staatswesen und die Architektur - viele der heutigen Ruinen stammen aus dieser Periode. Hier ist aber vor allem auch die Maya-Stadt El Mirador in Bezirk

El Petén in Guatemala zu nennen. Die erst vor rund 85 Jahren entdeckte Stadt ist einer der ersten Orte der Präklassik, wo die Pyramide "La Danta" mit einer Höhe von über 70 Metern zu sehen ist. Ab etwa 50 nach Christus verließen die Maya auch diese Stadt, und der Dschungel nahm die Bauten für sich ein. Die Zivilisation der Maya boomte. Der Anbau der Kulturpflanze Mais, der nach neuesten Forschungsergebnissen bereits vor fast 7000 Jahren in Mittelamerika kultiviert wurde, bildete die Nahrungsgrundlage der gesamten Kultur. Diese Pflanze bildete das Rückrat der Gesellschaft der Maya - und könnte auch zu ihrem Untergang beigetragen haben, wie wir noch sehen werden.

Ab etwa 600 nach Christus begann die 300 Jahre andauernde Hochzeit mit Namen "Späte Klassik". Der weltberühmte Ort Chichén Itzá auf der mexikanischen Halbinsel Yucatán mit seiner legendären *Pyramide des Kukulcán* wurde in dieser Periode gegründet (etwa 650 nach Christus).

Die "Pyramide des Kukulcán" in der Maya-Stätte Chichén Itzá. Sie wird gerne als "Kalender in Stein" interpretiert. Quelle: Walter-Jörg Langbein

Der lange versunkene Ort Chichén Itzá wurde erst ab 1875 durch den Hobby-Forscher und Fotografen Augustus Le Plongeon (1825-1908) aus New York entdeckt und ausgegraben. Le Plongeon ist auch in anderer Hinsicht interessant: Er war in einer ganzen Reihe von Veröffentlichungen, wie zum Beispiel *Sacred mysteries among the Mayas and the Quiches, 11500 years ago* (1886), der Meinung, dass die Maya etwas mit Atlantis und der Kultur Ägyptens zu tun haben.

Chichén Itzá ist für die Themen Maya-Kalender und 2012 von großer Bedeutung. Prachtvoll steht nämlich hier das sogenannte *Castillo* oder die oben bereits erwähnte *Pyramide des Kukulcán*: eine 24 Meter hohe und 55,5 Meter breite Stufenpyramide, die dank umfangreicher Restaurierungen heute im neuen Glanz erstrahlt. Vier Treppen führen an den vier Seiten zu ihrer Spitze, auf der sich eine kleine Kapelle zu Ehren des Gottes Kukulcán befindet. Im Inneren findet sich eine Art Thron, der einen Jaguar darstellen soll, genauso wie die Figur des Gottes Chac Mool oder auch Chak Mo'ol, die 1875 durch den oben genannten Hobby-Forscher Le Plongeon ihren Namen bekam. Archäologen spekulieren heute, dass die weitverbreitete Figur mit ihrer "Schale" auf dem Bauch für Menschenopfer gedient haben kann.

Spannend wird es zweimal im Jahr in der alten Maya-Stätte: Jedes Jahr am 21. März und 23. September (= Tagundnachtgleiche) werfen die Stufen der Pyramide auf eine der vier Treppen, die zu ihrer Spitze führen, ein Schauspiel aus Licht und Schatten, das den Eindruck erweckt, eine Schlange aus Licht und Schatten steige von der Spitze der Pyramide auf die Erde herab. Und unten an den Füßen der Treppe finden sich passend dazu große Schlangenköpfe als Steinfiguren. Der Gott Kukulcán steigt scheinbar auf die Erde hernieder. Dieser Kukulcán alias Quetzalcoatl (= "gefiederte Schlange") ist in ganz Mittelamerika eine wichtige Schöpfergottheit, die auch mit dem Morgenstern (Planet

Dem Gott Chak Mo'ol wurden von den Maya in Mexiko möglicherweise noch schlagende Menschenherzen dargeboten. Quelle: Lars A. Fischinger

Venus) gleichgesetzt wurde. Er wird als hellhäutiger Mann mit Bart dargestellt, aber vor allem auch als Schlange mit bunten Federn.

In der sagenhaften Ruinenstadt Teotihuacán, rund 45 Autominuten nordöstlich von Mexiko-Stadt, war dieser Gott bei dem Volk offensichtlich ebenfalls bekannt. In diesem rätselhaften Ort, der seit 1987 zum Weltkulturerbe zählt, stehen nicht nur gewaltige Pyramiden, wie zum Beispiel die "Pyramide der Sonne" (etwa 65 Meter hoch, erbaut 100 nach Christus), sondern dort erkundete ich auch die *Ciudadela*. Darin enthalten ist der "Tempel des Quetzalcoatl" mit zahllosen Steinköpfen und Körpern der "gefiederten Schlange". Ein Beweis, dass auch das Teotihuacános genannte Volk diese nebulöse Gottheit verehrte. Interessant ist auch, dass der ganze Ort scheinbar nach kalendarischen und/oder astronomischen Daten errichtet wurde. So soll die Länge der Umgebungsmauer der *Ciudadela* 484 "Teotihuacán

Die Stadt Teotihuacán in Mexiko. Ein Tummelplatz für Pyramiden; hinten die Sonnenpyramide. Quelle: Lars A. Fischinger

Measurement Unit" (TMU) entsprechen (eine Art Ur-Meter der Erbauer, der zwischen 82 und 83 Zentimeter misst). Diese 484 TMU entsprechen fast exakt dem Zyklus des Planeten Venus - und Venus wurde eben als Abendstern mit dem Gott Quetzalcoatl/Kukulcán identifiziert.

Dieser Kukulcán soll also der Tradition nach in Chichén Itzá bei der Tagundnachtgleiche von der Pyramide herabsteigen. Für Esoteriker und 2012-Fans eine enorm wichtige Aussage. Denn: Wer war diese Gottheit? Eine fiktive Person? Oder aber ein Mann aus Atlantis, da er helle Haut hatte und bärtig gewesen sein soll, wie es heißt? Oder war er ein Außerirdischer, der vor X Jahren in Mittelamerika vom Himmel stieg ...?

Zahlreiche Texte zu 2012 tragen die Pyramide des Kukulcán als Coverbild. Warum? Sie wird heute gerne als "steingewordener Kalender"

Die "Pyramide des Kukulcán" in einer Zeichnung von 1843. Die frühen Entdecker Mexikos fanden eine vergessene und von der Natur zerstörte Welt der Maya vor. Quelle: Lars A. Fischinger

bezeichnet, der das Jahr mit 365 Tagen korrekt angibt und den erstaunlichen Stand des kalendarisch-astronomischen Wissens der Maya beweist. Die Stufen der Pyramide sollen insgesamt 365 sein: Jede der vier Treppen zur Spitze des Monumentes soll 91 Stufen haben (es ist heute leider nicht mehr möglich, die Pyramide selbst zu besteigen), was zusammen 364 ergibt - und zählt man die Stufe des Tempels auf seiner Spitze hinzu, kommt man auf 365 Stufen/Tage. Doch dies als Beleg für das Wissen der Maya zu nehmen, ist umstritten, denn die Anzahl der Stufen soll aus der Restaurierung der Pyramidenseiten von 1923 und 1979 stammen. Die Südfläche ist indes sogar nicht restauriert. Bilder der Pyramide, wie etwa die des britischen Archäologen, Malers, Architekten und Pioniers der Maya-Forschung Frederick Catherwood (1799-1854) von 1843, beweisen den verfallenen Zustand des Bauwerkes von einst. Man kann nur erahnen, wie der ursprüngliche Bau einmal aussah. Alfred Percival Maudslay (1850-1931), ebenfalls einer der Pioniere der Maya-Forschung, die sich oft unter schwersten Bedingungen ihren Weg zu vom Dschungel überwucherten Ruinen bahnten, schrieb zum *Castillo* von Chichén Itzá zum Beispiel: "*Es ist wegen der großen Anzahl der herabgestürzten Steine äußerst schwierig, eine genaue Vorstellung von den wirklichen Abmessungen des Castillo zu erhalten.*"[5]

War das Monument also wirklich ein "steinerner Kalender" und damit ein Beweis für das Wissen der Maya? Ich weiß es nicht. Ich weiß aber, dass die Maya in ihrer Blütezeit ausgesprochen religiöse Menschen waren. Das wird allein durch die Tatsache belegt, dass in ihren Zentren die Anzahl der sakralen Bauwerke wie Pyramiden bei weitem überwiegt. Ich finde auch in Chichén Itzá ein rundliches Observatorium für die Astronomen der alten Maya. Das Bauwerk steht auf einer sechs Meter hohen Plattform von 52 auf 67 Meter. Adalberto Rivera A. schreibt in seinem Buch *Die Geheimnisse von Chichén Itzá* (1995) zu dem 16 Meter hohen Maya-Observatorium: "*Im Inneren gibt es eine nackte, sitzende Figur und eine Fensterreihe, die als Beobachtungspunkte dienten und von denen einige in Position zu bestimmten Himmelskörpern standen. So kann beispielsweise die Umlaufbahn des Planeten Venus im Verhältnis zur Erde an 236 Tagen des Jahres beobachtet werden, wenn sie morgens sichtbar ist, und an 250 Tagen, wenn sie nachts zu sehen ist. (...) Die Sternwarte stand in keinem Zusammenhang mit religiösen und esoterischen Funktionen der Stadt. Es war ein den astronomischen Studien vorbehaltener Bereich, und nichts, was wir bisher kennen, ließe einen anderen Schluss zu.*"[6]

Das Bauwerk scheint also ein Beweis für die Bedeutung zu sein, die die Maya der Astronomie beimaßen. Die frühen Pioniere des 18. und 19. Jahrhunderts rissen eine Kultur aus der Umklammerung des Urwaldes, die in den Jahren der großen Entdeckungen und danach zu einer Art "romantischen Zivilisation" verklärt wurde. Eine Art Volk der Sternengucker, Denker und Philosophen. Diese Ansicht teilen noch heute gewisse Kreise. Es war aber - wie so oft - ganz anders. Denn auch die Maya waren ein blutrünstiges Volk. Von ihren Kriegen und Streitereien mit Nachbarvölkern abgesehen, opferten die Maya Blut und sogar Menschen. Ähnlich wie die Azteken im Norden. Doch während die spanischen Eroberer des Reiches der Azteken im 16. Jahrhundert selbst Zeugen von riesigen Menschenopferungen wurden, war dies von dem Maya-Volk damals noch unbekannt.

Blutige Rituale verrichtete beispielsweise die Führungskaste der Maya. Priester und Herrscher der Maya zogen sich dabei Stachel oder Dornen durch den Mund oder den Penis, um so ein Blutopferritual zu zelebrieren. Die Opferung von Menschen wurde lange Zeit negiert. Zu schön war das Bild der friedfertigen Kultur im Urwald. Heute wissen wir jedoch, dass es fehlerhaft ist, denn Menschen wurden zum Beispiel geköpft, verstümmelt oder ihnen wurde das schlagende Herz aus der Brust geschnitten. Auch das Ertränken gehörte zur Praxis der Opferung von Menschen. So etwa fanden die eifrigen Archäologen bei Tauchexpeditionen in dem Cenote von Chichén Itzá mehr als 50 menschliche Skelette auf dessen Grund. (Cenoten sind tiefe Schächte in der Erde, die mit Süßwasser gefüllt sind und in ganz Yucatán vorkommen. Sie sollen, unterirdisch miteinander verbunden, das größte Höhlensystem mit Wasser der Erde bilden.)

Heute spricht man nicht nur davon, dass diese tiefen Senken wichtige Süßwasserquellen der Maya waren, sondern auch davon, dass sie von den Maya als "Tor zur Unterwelt" angesehen wurden. Zahlreiche Funde von Opfergaben und menschlichen Überresten in diesen Cenoten scheinen dies zu belegen. Daneben richteten die Maya zudem Kriegsgefangene hin, darunter auch ausgewählte Personen des Adels oder der Königsfamilie. Vielleicht, das ist heute noch umstritten, überfielen die Maya auch deshalb andere Stämme, um "Material" für ihre Menschenopfer zu haben.

Die Könige der Maya waren nicht einfach nur Menschen. Sie waren wie die Pharaonen im fernen Ägypten Gottkönige, die zum Teil wohl auch das Amt des obersten religiösen Führers innehatten. Sie hatten die Pflicht, durch Rituale und die Interpretation der Sterne sowie des Kalenders der Maya die Götter milde zu stimmen und das Volk zu ernähren. Dabei war das Weltbild der Maya eine Art "Baum", *Wacah Chan* genannt. Zentral in diesem "Weltenbaum" oder der "Weltachse" lag die Menschheit. Die Äste reichten in den Himmel, und die Wurzeln bildeten *Xibalbá*, das Reich der Toten und die Unterwelt, wo der Gott *Came* regierte. Auch die Gravuren der oben genannten Grabplatte von Palenque, die in der Prä-Astronautik auch als Raumfahrzeug interpretiert werden, sollen diesen Weltenbaum der Maya und eine Reise nach Xibalbá zeigen. Dies ist auch nachzulesen in den Ausführungen von Professor Linda Schele (1942-1998), eine der führenden Expertinnen für die Kultur der Maya, die maßgeblich an der Entzifferung der Maya-Schrift beteiligt war. In ihrem zusammen mit David Freidel verfassten Standardwerk *A Forest of Kings* (1990) schreibt die Expertin zum Weltenbaum: "*Wacah Chan war nicht an irgendeinem Ort der Erde fixiert, sondern konnte an jeder beliebigen Stelle des naturgegebenen oder von Menschen gestalteten geographischen Raums rituell evoziert werden. In ihrer wichtigsten Manifestation materialisierte sie sich in der Person des Königs, wenn dieser, von ekstatischen Visionen verzückt, auf der Spitze des künstlichen Berges seiner Stufenpyramide stand.*"[7]

Die Unterwelt, der Himmel und die Welt der Menschen waren folgerichtig gleichzeitig vorhanden, und durch Rituale konnte man mit diesen kommunizieren, so glaubten die Maya. Die vier Götterriesen, die Bacabs, waren dabei besonders wichtig, sie stützten den Himmel in den vier Himmelsrichtungen. So stützte zum Beispiel der wichtige Gott des Regens, der Fruchtbarkeit und des Ackerbaus, *Chaac*, den Himmel in der Welt des Ostens. Zahllose Darstellungen der Kreatur mit ihren zwei großen Eckzähnen und dem Rüssel belegen die große Bedeutung, die ihm zukam. Ihm galt es, eifrig zu opfern, um die Ernährung und die funktionierende Landwirtschaft des Volkes sicherzustellen. Die bereits oben genannten Menschenopfer in der Cenote bei Chichén Itzá sollen ihm zu Ehren stattgefunden haben.

Trotz der offensichtlich über Jahrhunderte funktionierenden Gesellschaft der Maya ging das Volk unter. Doch wie und warum genau, das ist bis heute ein Rätsel. Die Maya verschwanden aber nicht "spurlos", wie es heute immer wieder gesagt wird, zum Beispiel in einem 2012-Bericht von *T-online.de* vom 11. November 2009. Mayanachfahren leben noch heute, und der Urwald Mittelamerikas wimmelt natürlich von Zeugnissen ihrer Kultur. Spuren gibt es also zuhauf. Dennoch sind die Gründe für den Untergang dieser Kultur bis heute noch nicht vollständig geklärt. Eine Reihe von Erklärungsversuchen kursiert allerdings seit Jahrzehnten. Die Maya gingen angeblich unter aufgrund ...

... von Invasion und Krieg durch feindliche Völker wie die Tolteken.
... eines ökologischen Kollapses durch exzessive und rücksichtslose Nutzung der Umwelt/Landwirtschaft.
... von Seuchen oder Epidemien.
... eines Klimawandels in Mittelamerika.
... einer Kombination aus mehreren dieser Punkte.

Tatsächlich spricht einiges dafür, dass die Maya ihre eigene Umwelt und damit ihre Lebensgrundlage zerstörten. Das Wachstum der Bevölkerung und der damit verbundene Mehrbedarf an Nahrung (Mais!) und somit Ackerflächen könnte dazu geführt haben. Es gab quasi eine fatale Zerstörung der Natur in Mittelamerika durch gewaltige Rodungen. Dies könnte auch eine Warnung an die Menschen des 21. Jahrhunderts sein - womöglich die *wahre* "Botschaft der Maya" ...

Interessant ist auch die These des Klimawandels. Dr. Gerald H. Haug und sein Forscherteam berichteten im März 2003 in der angesehenen Zeitschrift *Science*, dass wohl ein Klimawandel den Maya letztlich den Garaus machte. Die Paläoklimatologen um Dr. Haug vom Geoforschungszentrum in Potsdam untersuchten Bohrkerne vor der Nordküste Venezuelas, die belegen, dass auch im Land der Maya um die Jahre 810, 860 und 910 nach Christus katastrophale Dürren herrschten. Das dort gebietsweise ohnehin spärliche Süßwasser wurde knapp, und die Überbevölkerung sowie die rücksichtslose Landwirtschaft taten ein Übriges. *"Extreme Dürre führte zum Ende der Maya-Kultur"* (*Berliner Zeitung*, 14. März 2003) titelten die Medien nach dem Bekanntwerden der Forschungen damals.

Zahlreiche Interessierte sehen dies allerdings ganz anders und bejubeln schon lange die Kultur der Maya. Ein Volk voller Superdenker seien sie gewesen. Begnadete Astronomen, Propheten und Baumeister. Der Esoteriker Michael Strübin ist sich sogar sicher, dass die Maya die Kultur Europas weit in den Schatten stellten. Weiter meint er, dass das Volk friedlich und liebevoll war und geradezu Genies in Sachen Astronomie und Mathematik hervorbrachte und außerdem als einziges Volk der Erde die Zeit wirklich richtig begriffen hatte. Natürlich loben alle Esoteriker dabei den Kalender der Maya, seine exakten Berechnungen und seine angeblichen Weissagungen für den 21. Dezember 2012. - Was steckt also hinter dem viel zitierten Kalender, auf dem nahezu *alles* rund um den 2012-Boom fußt? Betrachten wir im Folgenden also einen der Grundpfeiler beim Thema 2012: den Maya-Kalender.

Der Maya-Kalender

"Am 21. Dezember 2012 endet der Kalender der Maya." - So steht es in fast allen Büchern, die ich gelesen oder im Internet gefunden habe. Es ist der Werbeslogan der gesamten 2012-Gemeinde. Doch worin wurzelt diese Aussage eigentlich genau? Und - angebliche Prophezeiungen zu 2012 hier vorerst außen vor gelassen - stimmt das eigentlich?

Schon lange ist bekannt, dass die Maya einen sehr komplexen Kalender besaßen. Noch bevor man die Schrift der Maya wirklich "flüssig" lesen konnte, war der Kalender der westlichen Welt durchaus bekannt. Das Maya-Zahlensystem und dessen Datumsangaben waren das Erste, was die europäischen Forscher im Urwald Mittelamerikas entziffern konnten. Schnell stellte man dabei fest, dass die Maya "aus der Reihe tanzten": Sie hatten nicht, wie die westliche Welt, einen Kalender, sondern gleich drei verschiedene. Es muss also konkret eher heißen "am 21. Dezember 2012 enden *die Kalender* der Maya".

Wo liegen die gravierendsten Unterschiede zu uns bekannten Kalendern? Die Maya hatten kein Dezimalsystem, das auf der Zehn basiert, sondern benutzten vielmehr das Zwanzigersystem und kannten auch die Null. In ihrem System gaben sie die Zahl Fünf durch einen waagerechten Balken an, eine Eins war ein Punkt und die Null eine Muscheldarstellung. Eine Zwölf waren demnach zwei waagerechte Balken übereinander, über die zwei Punkte gesetzt wurden: 5 + 5 + 2 = 12.

Für ihren Kalender nun wiederum nutzten die Maya drei unterschiedliche Systeme zur Berechnung. Da wäre der heilige Kalender *Tzolkin* mit 260 Tagen, der Alltagskalender *Haab* mit 365 Tagen und als Drittes das System des *Long Count*, der langen Zählung. Der Tzolkin mit seinen 260 Tagen hat offensichtlich keinen Bezug zu ir-

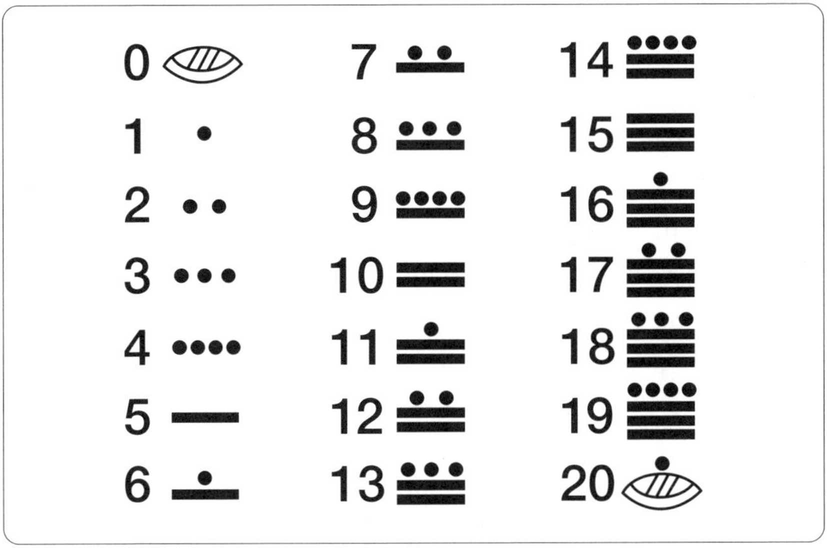

Das Zahlensystem der Maya. Sie rechneten in einem 20er-System, jedoch schon mit einer Null. *Quelle: Lars A. Fischinger*

gendwelchen astronomisch-realen Vorgängen, sondern er ist so etwas wie ein "spiritueller Kalender". In diesem Kalender haben die Maya ihre "magische Zahl" 13 und die 20 als Basis ihres Zahlensystems verwoben: 13 x 20 = 260. Der Haab dagegen ist offensichtlich ein Sonnenkalender, der auf dem Sonnenjahr mit 365 Tagen (= ein Erdumlauf um die Sonne) basiert. Der Sonnenkalender der Maya besteht dabei aus 18 Monaten à 20 Tagen plus einem Extramonat (*Uayeb* genannt) mit nur fünf Tagen. Also: 18 x 20 + 5 = 365.

Haab und Tzolkin bildeten bei den Maya eine Einheit, und beide Kalender kombiniert drehten sich in einer Periode von 52 Jahren zueinander. Exakt nach einem Umlauf der Kalender von 18.980 Tagen fallen bestimmte Daten genau zusammen. Das heißt aber auch, dass sich die Datumsangaben alle 52 Jahre wiederholen, und ein bestimmtes Fixdatum der zwei Kalender kommt damit in 104 Jahren zweimal vor.

Das machte es den Maya unmöglich, bestimmte Tage in ferner oder auch nicht allzu ferner Zukunft exakt zu bestimmen. Doch die Maya wussten sich zu helfen: Sie lösten das Problem mit der Einführung des dritten Systems, des Long Count. Bei diesem umfasste eine Periode 1.872.000 Tage, was folgerichtig etwa 5128,8 (gerundeten) Sonnenjahren entspricht. In dieser Periode waren die Maya mit ihrem System dann in der Lage, exakte Tage zu bestimmen. So wiederholt sich ein Datum bei den Maya nach dieser über 5000 Jahre dauernden Periode. Die Kombination aus den drei Systemen ergibt eine Periode von 136.656.000 Tagen, was 374.152 Sonnenjahren entspricht. Das wären 73 Mayaepochen zu 13 Baktun, einem Zyklus im Mayakalender.

So wie wir heute Tage und Monate kennen, hatten auch die Maya schon ähnliche Bezeichnungen bzw. Einteilungen. Das sind:

1 Kin			=	1 Tag
1 Uinal	=	20 Kin	=	20 Tage
1 Tun	=	18 Uinal	=	360 Tage
1 Katun	=	20 Tun	=	7200 Tage
1 Baktun	=	20 Katun	=	144 000 Tage

Die Reihenfolge bei den alten Maya in ihrem Long Count war Baktun, Katun, Tun, Uinal, Kin. Das Long-Count-Datum 8.14.7.0.2 würde sich demnach wie folgt zusammensetzen:

8 Baktun (= 8 x 144 000 Tage),
14 Katun (= 14 x 7200 Tage),
7 Tun (= 7 x 360 Tage),
0 Uinal (= 0 x 20 Tage) und
2 Kin (= 2 x 1 Tag)

Das wäre etwa der 27. oder 28. Juli 324 nach Christus. Ein umgekehrtes Beispiel: Das gregorianische Datum 23. August 1966 entspricht nach der Langen Zählung der Maya 12 Baktun, 17 Katun, 12 Tun, 17 Uinal und 16 Kin - und damit 1.855.076 vergangenen Tagen seit dem hier angenommenen Beginn des Maya-Kalenders am 13. August 3114 vor Christus. Zusammengesetzt wird es so: 12 x 144.000 Tage + 17 x 7200 Tage + 12 x 360 Tage + 17 x 20 Tage + 16 x 1 Tag.

Der Beginn des Kalenders der Maya, der Start der Langen Zählung, ist das Maya-Datum 13.0.0.0.0, also konkret 13 Baktun, 0 Katun, 0 Tun, 0 Uinal, 0 Kin. Eine Kalenderrunde weiter erreicht das System das legendäre Datum 21. Dezember 2012 nach unserem Kalender. Aus Sicht der Maya ist es damit quasi ein "Reset" ihres Kalenders nach 1.872.000 Tagen (13 x 144.000 Tage), denn nach dieser Periode beginnen der Kalender und seine Umläufe von vorne. Klar ausgedrückt heißt das, dass der Maya-Kalender *nicht* 2012 "endet", wie es heute immer von den 2012-Freunden behauptet wird, sondern es startet lediglich ein neuer Long Count von rund 5125 Jahren. Hier haben wir auch das eigentliche Problem der gesamten Betrachtung des Maya-Kalenders. Sicher ist, dass der Kalender nach dem Ablauf von 13 Baktun wieder bei Null neu beginnt. Doch, da es unmöglich ist, das Kalendersystem der Maya exakt auf unseren Kalender umzurechnen, ist es vollkommen unsicher, ob das "Reset" nun am 21. oder am 23. Dezember 2012 stattfindet. Noch gravierender: Der eigentliche Beginn des Long Count ist unklar! Auch die ausgewiesenen Maya-Experten Linda Schele und David Freidel verweisen in ihrem Standardwerk *Die unbekannte Welt der Maya* (1991) auf diesen Umstand. Mario Krygier und Jens Rohark gehen in ihrer umfassenden Analyse des Maya-Kalenders *Faszination 2012* (2008) vom Start des Systems am 13. August 3114 vor Christus aus; das Ende der aktuellen Langen Zählung wäre ihrer Meinung nach der 23. Dezember 2012. Auch Schele und Freidel sind schon 1990 dieser Ansicht. Dennoch gibt es noch mindestens 50 weitere Vorschläge, welches Datum als Beginn der aktuellen Baktun-Zählung zu nehmen sei. Mario Krygier schreibt zum Beispiel: "*Aber die Einordnung des Nulldatums 0.0.0.0.0 in unseren Kalender ist sehr umstritten. Es gibt mehr als 50 in der Wissenschaft diskutierte Umrechnungsvorschläge mit Abweichungen von zum Teil einigen Jahrhunderten.*"[8] Man einigte sich mittlerweile mehr oder weniger auf das Jahr 3114 vor Christus. Und wir erreichen beim Start 3114 vor Christus plus einen Long Count das "Jahr des Schicksals" 2012. Vom Startdatum aus vergehen also 13 Baktun, das entspricht 13 x 144.000 Tage = 1.872.000 Tage = 5125 Jahre à 365,25 Tage, dann endet der Long Count. Noch einmal: Dramatisch ist daran eigentlich nichts. Krygier hierzu: "*Das Enddatum dieses Zyklus' der Langen Zählung stellt lediglich eine reine kalendermathematische Konsequenz dar.*"[9]

Die Tafel 74 des berühmten Dresdner Codex', oft "Sintflut" genannt. Deutungen der Seite im Zusammenhang mit dem Jahr 2012 haben keinerlei Grundlage. Quelle: Lars A. Fischinger

Insgesamt sind die Berechnungen der Maya strittig. So kam es dann, dass laut Medienberichten der "Weltuntergang" 2012 - den die Maya natürlich nicht weissagten! - verschoben werden muss. "Weltuntergang muss verschoben werden" titelte zum Beispiel die Baseler Zeitung am 21. August 2009. Grund für die Meldungen der Presse war die Arbeit von Dr. Andreas Fuls vom Institut für Geodäsie und Geoinformationswissenschaft der Technischen Universität Berlin und die entsprechende Pressemitteilung (Nr. 272/2009) des Institutes - eine Arbeit, die Dr. Fuls schon im September 2007 vorlegte, die damals jedoch noch nicht zur Kenntnis genommen worden war.

Anhand des weltberühmten Dresdner Codex', einer der vier Maya-Handschriften, berechnete Fuls vier astronomische Ereignisse. Mit Hilfe eines Computerprogramms rechnete er die Abfolge dieser astronomischen Ereignisse um, um zu sehen, wann diese nach unserem Kalender tatsächlich am Himmel stattfanden. Das Ergebnis: "*Die bisherige Maya-Chronologie muss um 208 Jahre verschoben werden.* (...) *Das Jahr 2012 verschiebt sich ins Jahr 2220.*"[10] Damit wäre auch der Untergang der Maya um 1100 nach Christus anzusiedeln und nicht etwa 900 nach Christus. Auch wäre damit 2012 ein *falsches* Datum, richtig wäre nach Dr. Fuls das Jahr 2220 nach Christus. Zwar wird Dr. Fuls' Arbeit von der etablierten Maya-Forschung abgelehnt, doch sie beweist eines ganz klar: Wir können nicht mit absoluter Sicherheit sagen, wann der Kalender der Maya enden und neu beginnen wird. Wir wissen einfach nicht, ob das Ende des Long Count wirklich in den Dezember 2012 fällt.

TEIL II

Der 2012-Boom und der Weltuntergang

Was geschieht also an jenem unglücklichen Tag im Dezember 2012? Hier wird es spannend. Spannend für die Untergangsapostel und spannend für mich, der ich den Buchmarkt der Grenzwissenschaft seit Jahren sehr genau beobachte. 2009 entwickelte sich zum Boom-Jahr für 2012, denn in diesem Jahr erschienen verstärkt Bücher zum Thema, nachdem es zuvor im Internet ausgebreitet worden war. Johannes Holey, ein Autor spiritueller und esoterischer Literatur, bewies allerdings bereits im Februar 2000 Weitsicht. Damals, als kaum jemand etwas mit dem Jahr 2012 anfangen konnte, veröffentlichte er sein Buch *Bis zum Jahr 2012 - Der Aufstieg der Menschheit*. Damit war Johannes Holey einer der ersten Autoren, die die Magie dieses Jahres erkannt hatten. Der "Sprung in die fünfte Dimension" steht bevor, so ist sich Holey sicher. Die erweiterte 7. Auflage wird auf der Verlagsseite 2009 denn auch mit den Worten beworben: "*Planet und Menschheit stehen heute am Beginn eines neuen Zeitalters, dem Wassermann-Zeitalter. Damit wird zugleich der Beginn einer neuen, höheren Schöpfung eingeleitet. Einer Schöpfung auf der Basis einer höheren Schwingungsfrequenz und der dabei entstehende Prozess der*

Transformation ist bereits voll im Gange. Diese Schwingungserhöhungen werden in den Jahren bis 2012 stetig ansteigen und die Geschwindigkeit des Ablaufs der Umwandlung wird weiter rapide zunehmen."[11]

Vor Johannes Holey nahm sich Bestsellerautor Adrian Gilbert mit seinem Co-Autor Maurice Cotterell dem Thema der Maya-Prophezeiungen an. So veröffentlichte er im Jahre 1995 das interessante Buch *The Mayan Prophecies*, das 1998 unter dem Titel *Die Prophezeiungen der Maya* in Deutschland erschien. Was aber dennoch verwundert, ist die Tatsache, dass das umfangreiche Buch von Gilbert und Cotterell *heute* kaum Aufmerksamkeit erregt. Und das, obwohl die Autoren in diesem Buch klipp und klar schreiben: "*Die Welt, wie wir sie kennen, wird am 22. Dezember 2012 enden.*" Außerdem nimmt das Buch zahlreiche nun topaktuelle 2012-Spekulationen vorweg. Etwa Auswirkungen der Sonne auf die Erde und ihre Kulturen im Zusammenhang mit 2012 - Thesen, die in manchen Esoterik-Kreisen wie bei *2012-info.blogspot.com* zu Fakten mutierten. Entgeht dieses Buch den 2012-Freunden von heute, da es nicht unter dem Suchbegriff "2012" zu finden ist? Immerhin, so Gilbert, hat sich das Buch über eine Million Mal in über zwölf Sprachen verkauft. Das Buch von Cotterell und Gilbert wird uns später noch interessieren ...

Doch zu Beginn des Booms legte Gilbert nach. So erschien 2007 sein Buch über die Mayas *21. Dezember 2012 - Das Ende unserer Welt: Ein neuer Blick auf die Prophezeiungen der Maya*, und dieses Buch kam bei den am Thema 2012 Interessierten an - auch wenn sie immer und immer wieder an diesem Buch von Gilbert kritisieren, dass sie darin praktisch nichts über "Prophezeiungen der Maya" zum Ende der Welt etc. erfahren. Warum die Leser dieses Buches - und eigentlich alle anderen Bücher zu 2012 - eben nichts über solche "Prophezeiungen" erfahren, wird noch deutlich werden. Doch Gilbert diskutiert in seinem Buch auch ohne die Nennung irgendwelcher Prophezeiungen durchaus spannende Themen, wie etwa die Beeinflussung Mittelamerikas durch die alte Welt oder gar Atlantis. Ebenso liefert er einen schönen Überblick über die Völker Mittelamerikas. Die Grundthese des Buches: Die Maya haben in ihrem Kalender auf 2012 verwiesen, wenn "*die Sonne genau am Kreuzungspunkt der Ekliptik und der Milchstraße, dem Sternentor*" steht. Zudem haben sie vermerkt, dass es in diesem Jahr eine Art Aufstieg geben wird.

Wenn von einer "Wende" oder von Katastrophen die Rede ist, dann erleben die Verschwörungs- und Untergangstheoretiker aller Länder eine beispiellose Hochzeit. Das beweisen auch die Veröffentlichungen und Spekulationen über den, wie überliefert wurde, Hellseher Nostradamus, eigentlich Michel de Nostredame (1503-1566), ein Franzose, der als Astrologe und Apotheker arbeitete und im Jahre 1555 angeblich verschlüsselte Prophezeiungen herausgab, die *Les Propheties de M. Michel Nostradamus*. Seine Schriften bzw. Texte über ihn und seine "Prophezeiungen" boomen in schicksalhaften Jahren, etwa im Zweiten Weltkrieg, beim Jahrtausendwechsel 1999 und bei den Anschlägen des 11. September 2001 in den USA. Vor allem 1999 drehte die Anhängerschaft des Nostradamus durch, denn der hatte einen "Schreckenskönig am Himmel" für dieses Jahr vorausgesagt. Angeblich hat der Prophet ohnehin alles vorhergesagt, Hitler inklusive.

So wundert es nicht, dass unzählige Autoren Bücher über den Propheten auf dem Markt bringen. Einer davon ist Manfred Dimde, der jährlich Bücher zu Nostradamus veröffentlicht, um seine Leser auf die Zukunft vorzubereiten. Dimde hat nach eigener Aussage mittels eines Computerprogramms den "Schlüssel" der Nostradamus-Prophezeiungen gefunden und gilt als Experte. "Sensationelles" habe er herausgefunden, verspricht er - auch wenn seine Bücher mit den entschlüsselten Vorhersagen in der Vergangenheit meist nicht halten konnten, was sie versprachen.

Wie schon 1998 der Mathematiker Volker Guiard in einer umfassenden Dimde-Nostradamus-Analyse in dem Buch *Endzeittaumel* belegt hat, betrachte auch ich den Nostradamus-Autor Dimde als Scharlatan. Und der Autor Armin Risi, selbst der Esoterik und Grenzwissenschaft zugehörig, hat sich in einem Onlineartikel die Arbeit gemacht, die erfundenen und falschen Vorhersagen des Autors einmal anhand von Beispielen aufzulisten. Autor Dimde hat, und das ist erstaunlich bei der Vielzahl seiner Nostradamus-Veröffentlichungen, bis zur Drucklegung dieses Buches kein Buch zum Thema 2012 veröffentlicht. Am nächsten an das Thema heran kommt wohl sein Buch *Apokalypse 2011*. Darin warnt Dimde seine Leser vor verheerenden Katastrophen und Kriegen um 2012. Er gibt sogar Ratschläge, wohin seine Leser ziehen sollen, um zu überleben. Auch hier gibt dieser viel gelesene, aber meiner Meinung nach wenig seriöse Autor exakte Informationen, die sich wieder als reine Erfindung herausstellen.

Nostradamus hat in der Tat schreckliche Dinge für die Zukunft in seinen Prophezeiungen niedergeschrieben. Das leugne ich nicht. Gerne deutete man sie einst als Hinweis für einen Weltuntergang 1999, und vor dem letzten "Wendejahr", dem Jahr 2000, boomten Bücher und Ideen über das Ende der Welt und einen Bewusstseinswandel im neuen Jahrtausend. Die UFO-Sekte Fiat Lux verband all dies damals wunderbar mit einer neuen Menschheit, dem Weltende und den Außerirdischen, was ich mit meinem Co-Autor Roland M. Horn 1999 in unserem Buch *UFO-Sekten* umfassend diskutiert habe. Horn, ein Experte zum Thema Prophezeiungen, hat bereits 1998 zum "großen Umbruch" im neuen Millennium ein kritisches Buch vorgelegt. Die Astronomin Ann Martin bringt den Weltuntergangszirkus 1999 bei *Welt Online* 2009 auf den Punkt: "*Niemand scheint sich daran zu erinnern, dass bei der letzten mutmaßlichen Apokalypse die Welt nicht unterging.*"[12]

Weiß Nostradamus denn wenigstens etwas zu 2012 zu sagen, wo doch seine Fans und Autoren in Bezug auf 2000 – und auch davor – immer so kläglich versagten? Leider nein! Der Autor Bernd Harder von der in vielen Kreisen umstrittenen Gesellschaft zur wissenschaftlichen Untersuchung von Parawissenschaften e.V. (GWUP) in Roßdorf verweist auf den Umstand, dass Nostradamus nur *sechs* konkrete Jahreszahlen in seinen Texten genannt hat. Das Jahr 2012 ist nicht dabei. Auch verweisen einige Autoren darauf, dass der Seher angeblich bis 3797 oder sogar bis 5352 nach Christus in die Zukunft gesehen hat. Für das Ende der Welt gibt es also keinen Platz im Wendejahr 2012. Das hindert die Nostradamus-Gemeinde aber nicht, darüber zu fabulieren. Google lieferte mir Ende November 2009 bei der Eingabe von "Nostradamus 2012" 1.940.000 Treffer mit unterschiedlichen Aussagen. Ich nehme stark an, es werden in Zukunft noch mehr werden. Ein Beispiel aus der Vielzahl der Blogs, Fanseiten, Clubs und angeblichen Nostradamus-Aussagen zu 2012 soll genügen: Die Webseite *21.dezember2012.org* verkündet dort das Ende von allem: "*Analysen der Nostradamus-Centurien haben ergeben, dass Nostradamus für die Zeit zwischen 2003 und 2022 einen Klimacrash angekündigt hat. Um das Jahr 2012 hat er den dritten und letzten Weltkrieg prophezeit. Danach soll der absolute Weltfrieden eintreten. Es sollen in naher Zukunft große kosmische Umwälzungen stattfinden, die sich katastrophal, aber zugleich auch heilend auf unseren Planeten auswirken werden. Die Erde wird taumeln und kippen, die Pole werden schmelzen, große Überschwemmungen in der Sahara und große Hitze- und Dürrekatastrophen in Südeuropa und Regenwaldgebieten werden stattfinden.*"[13]

Diese und ähnliche Panikmache im Internet mit Berufung auf Nostradamus entbehrt jeglicher Grundlage. Ebenso die Panikmache durch den Film *2012* von Roland Emmerich, der im November 2009 in die Kinos kam und in dem die Erde untergeht. Die Astronomin Ann Martin von der Cornell University berichtete im Zuge des Booms um 2012 auch davon, dass sie zahlreiche E-Mails von ängstlichen Schülern bekommt. Diese hätten Angst, bald zu sterben! “Uns schrieb eine Mutter, die Angst hatte, sie könne ihre beiden Kinder nicht mehr aufwachsen sehen”, wird Ann Martin von *Welt Online* (22. Oktober 2009) zitiert. David Morrison von der NASA berichtete nach dem Start des Actionfilmes, dass Tausende besorgte Menschen bei der NASA anriefen und nach dem Ende der Welt und der Rettung der Menschheit fragten. Auch hieß es, die Forschungseinrichtung Institute for Human Continuity (IHC, instituteforhumancontinuity.de) würde sich angeblich wissenschaftlich mit dem Ende der Welt 2012 befassen. So etwa *Bild online*, die über das IHC im November 2009 wusste: “*Mit der Weltuntergangs-Theorie beschäftigt sich auch das Institute For Human Continuity (IHC). Hierbei handelt es sich um eine wissenschaftliche Einrichtung, deren Aufgabe darin besteht, das Leben der Menschheit über das Jahr 2012 hinaus zu sichern.*”[14] In Wahrheit soll es sich jedoch um einen Werbegag zu Roland Emmerichs Film handeln.

Bild online berichtete am 11. November 2009 auch, dass seit Monaten Nachkommen der Maya aus Mittelamerika in die Sächsische Landesbibliothek Dresden pilgern würden. Direktor Prof. Dr. Thomas Bürger wird zitiert, dass diese vor der fast 1000 Jahre alten und weltberühmten Maya-Handschrift *Dresdner Codex* (Codex Dresdensis) beten: “Tief ergriffen knien sie vor dem Buch nieder, beten vor ihrem größten Heiligtum.” Auch *Bild der Wissenschaft* berichtet (Nr. 10/2009), dass, laut Katrin Nitzschke vom Dresdner Buchmuseum, seit dem 29. Juni 1992 inzwischen etwa 20 solcher Gruppen pro Jahr kommen würden. Angeblich weissagt das Buch auf Tafel 74 die Endzeit 2012 - was aber pure Spekulation ist und aus dem Codex nicht hervorgeht. Auch interessant ist, dass Maya-Schriften aus Tikal bis auf das Jahr 9898 *nach* Christus ("dreimal elf Baktun" seit der Schöpfung) hinweisen. Kein Platz für das Ende also.

Panik schürte auch ein unsagbar schlechter Beitrag der RTL II-Sendung *Welt der Wunder* (am 20. Dezember 2009 - bei Youtube inzwischen einsehbar) zu 2012. Darin wird - neben vielem anderen Unsinn - auch die falsche Aussage getätigt, dass die Maya das Ende aller Tage für dieses Jahr prophezeit hätten. Doch die Regierungen und die NASA würden alles vertuschen ... Auch im Zuge des Filmes von Emmerich über den Untergang der Erde kursierten wie ein Lauffeuer bei zahllosen Onlinezeitungen Berichte über die NASA. Grund war eine Meldung der AFP am 10. November 2009. *Spiegel online* etwa titelte am 10. November sogleich: "*Reaktion auf '2012'-Film: NASA bekämpft Weltuntergangsphantasien*". Und die Onlineausgabe der *Frankfurter Rundschau* meldete kurz danach am selben Tag "*Nasa dementiert Weltuntergang*", denn auf ihrer Webseite stellte die NASA damals klar, dass es 2012 keinen Untergang der Welt geben wird. Und auch der Planet Nibiru, den wir uns später noch genauer ansehen werden, stößt nicht mit unserer Erde zusammen, so die NASA in ihrem Bericht *2012: Beginning of the End or Why the World Won't End?* vom 6. November 2009. In der Panikmache-Dokumentation *Nostradamus 2012: Das Ende der Welt?* des *History Channel* (2009) wird allerdings wieder Angst geschürt und durch falsche Aussagen über Planetenkonstellationen, angebliche Weissagungen und den "Synchronisationsstrahl" verstärkt. Auch Freimaurer, Altägypter usw. weisen in ihren Bauten wie Kathedralen und natürlich Pyramiden angeblich auf das Ende 2012 und die "galaktische Synchronisation" hin, so etwa Vincent Bridges, Co-Autor von *A Monument to the End of Time* (2000): "*Es wird passieren. Sei bereit. Du musst dir dessen bewusst werden*", so Bridges selbstsicher.

Der Autor vor dem "Sonnenstein" der Azteken in Mexiko-City. Viele bringen diesen immer wieder mit dem Kalender der Maya in Verbindung.
Quelle: Lars A. Fischinger

Doch nicht Roland Emmerich ist schuld an dem Glauben von einem Ende der Welt 2012. Er griff nach eigenen Angaben das Thema nur auf, aber es boomte schon lange zuvor. Ideengeber für Emmerich war auch nicht der 2012-Hype, sondern es waren die Thesen von Professor Charles Hapgood, der glaubte, die Erdkruste könne sich als Ganzes spontan verschieben - natürlich mit vernichtenden Folgen für die Erde, eben dem "Weltuntergang". Erst später stieß Emmerich auf das Thema 2012, von dem er seinen eigenen Aussagen nach *nichts* hält. Die *Bild*-Zeitung publizierte rund um den Film aber allerlei absurde Storys. So war ich am 15. September 2009 entsetzt, als der Mystery-Autor von *Bild online*, Attila Albert, den Artikel *2012 - Menschheit soll in Raumschiffen fliehen* veröffentlichte - natürlich, wie meistens, mit einem Foto des Kalenders der Azteken illustriert, der als Maya-Kalender ausgegeben wird (ich habe den Azteken-Kalender auch als Coverbild gewählt). Entsetzt war ich aber vor allem, da sich der Artikel mit der absurden Überschrift auf den Schriftsteller Walter-Jörg Langbein beruft. Ich bin seit langen Jahren gut mit dem Autor befreundet, und

Langbein hat in seinem entsprechenden Buch *2012 - Endzeit und Neuanfang* (2009) mit keiner Silbe gesagt, dass wir 2012 mit Raumschiffen vor dem Untergang ins All fliehen müssen ...

Doch abgesehen von Nostradamus und dem Ende aller Tage wissen die 2012-Propheten von ganz anderen Szenarien in diesem Jahr zu berichten. So etwa prophezeien sie Auswirkungen der Sonne auf unseren Planeten, die ausgelöst werden sollen durch Veränderungen unseres Lichtgebers selbst und die 2012 angeblich einen Höhepunkt erreichen. Auch die NASA weiß und berichtete davon. - Na endlich, es gibt Fakten zu 2012. Oder? Ich muss Sie wieder enttäuschen. Die These, dass die Sonne 2012 zum Beispiel durch magnetische Sonnenstürme, die es tatsächlich gibt, auf unserer Erde Chaos anrichten könnte, ist nicht neu. Sie kursiert schon lange im Internet und in einschlägigen Internetforen. Ebenso ist klar, dass die Sonne und ihre Aktivität unser Klima beeinflusst. Doch bekannt wurde die "Sonnen-These" erst durch den Biophysiker Dieter Broers. Er gab der Fernsehzeitung *HÖRZU* im Januar 2009 ein Interview zum Thema "Ist die Sonne unser Schicksal?" und veröffentlichte das sehr erfolgreiche Buch *(R)Evolution 2012*, in dem uns der Autor erklärt "*warum die Menschheit vor einem Evolutionssprung steht*". (Broers, das sei betont, spricht aber an keiner Stelle in seinem besagten Buch von einem Weltuntergang oder Ähnlichem.) Dem Buch folgte Ende 2009 auch eine Dokumentation auf DVD. Broers hat also zwei im Kreise der 2012-Interessierten wichtige Themen miteinander verbunden und veröffentlicht.

Sehen wir uns diese sehr wichtigen und weitverbreiteten Aussagen zu 2012 einmal an. Der Autor sieht einen Zusammenhang zwischen der Aktivität der Sonne und unserem Bewusstsein, unserer Psyche. Es sei bekannt, so Broers, dass die Sonne einen bedeutenden Einfluss auf die "biologischen Systeme" der Erde inklusive der Menschheit habe. Sogar Weltreiche wie Babylon seien aufgrund von Sonnenaktivitäten zerbrochen, und auch der Fall der Berliner Mauer und das Ende der UdSSR stünden damit im Zusammenhang.

In einem früheren Buch von Broers, *Morpheus* (2005), findet sich auch die Grafik, die belegen soll, dass Sonnenaktivitäten direkt auf die alten Kulturen der Menschheit wirkten. Dabei beruft sich Broers auf Adrian Gilbert und Maurice Cotterell, zu denen ich jedoch bei dem Autor keine genauen Quellenangaben finden konnte. Ich weiß aber durch meine Recherchen, dass diese Thesen erstmals umfangreich von Cotterell 1995 in *Die Prophezeiungen der Maya* veröffentlicht wurden.

Doch Broers schrieb schon vor seinem durchschlagenden Erfolg mit seinem 2012-Buch einige Bücher. Unter dem Namen "Morpheus" veröffentlichte er bereits 2005 das Buch *Matrix Code.* Darin nimmt er seine Thesen über die Sonne und deren Wirkungen auf die Menschen bereits vorweg. Ebenso findet sich darin auch die Grafik, die belegen soll, dass Sonnenaktivitäten direkt auf die alten Kulturen der Menschheit wirkten. Und diese These inklusive der Illustration ist von Adrian Gilbert und Maurice Cotterell aus ihrem Buch *Die Prophezeiungen der Maya* von 1995 entnommen. Maurice nimmt darin zahlreiche Thesen rund um Sonnenwirkungen, die erst heute aktuell sind, umfangreich vorweg! Doch berühmt wurden sie erst durch Broers' Buch zu 2012, so dass der Eindruck entsteht, dass es seine eigenen Ideen sind.

Cotterell ist überzeugt davon, dass die Sonnenzyklen die Erde beeinflussen und dass dadurch ausgelöste Erdbeben und Ähnliches Leben auf der Erde vernichten werden. Auch die Maya und andere Völker seien deshalb untergegangen: "*Das Jahr 627 nach Christus fällt gerade auf die Mitte des Zeitraums, in dem sich das Sonnenmagnetfeld umkehrte, was zum Aussterben der Maya führte.*"[15]

Natürlich wussten auch die Maya von diesen "Strahlen" der Sonne und deren Folgen für die Erde und die Menschheit. Nach den Thesen Cotterells sollen die Maya sogar ihren eigenen Untergang durch die Aktivitäten der Sonne vorhergesagt haben. In *HÖRZU* sagt Broers dazu allerdings: "*Das mittelamerikanische Volk der Maya hinterließ uns hierzu die Information, dass diese 'letzte Epoche' der Zeitlichkeit durch 'die kosmische Absicht' gelenkt würde. Ein sogenannter Synchronisationsstrahl würde - vom Zentrum unserer Milchstraße ausgehend - unsere Erde und damit uns Menschen neu ausrichten. Die Mayas waren durch ihr außerordentlich hochstehendes astronomisches Wissen in der Lage, nahezu sämtliche Großereignisse zeitlich zu bestimmen. Ihre im Tzolkin, dem Maya-Kalender, verewigten Berechnungen ergeben für 2012 einen letzten, fundamentalen Veränderungsprozess. Die Mayas beschreiben dies als 'Aufstieg in die fünfte Dimension'.*"[16] - Das ist geradezu erstaunlich! Denn diese Aussage von Broers ist schlicht nicht belegbar. Doch selbst in der Dokumentation von 2009 (*Nostradamus 2012 - Das Ende der Welt?*) auf dem angesehenen *History Channel* - und anderswo - wird von Prophezeiungen der alten Kulturen über diese Synchronisation gesprochen. Sie ist bereits fester, aber dennoch falscher Bestandteil des "Basiswissens" zu 2012. Denn der Strahl ist ebenso inexistent wie die These, dass die Maya gesagt hätten, der Energiestrahl würde aus dem Zentrum der Milchstraße wie ein Scheinwerfer auf die Erde ausgerichtet sein. Der Maya-Kalender kennt solche Aussagen natürlich nicht. Ebenso wenig existieren irgendwelche Überlieferungen wie Inschriften der Maya, die dies beinhalten. Übrigens konnten die Maya mit ihrem Bewusstsein angeblich auch Zeitreisen durchführen - die Quelle all ihres Wissens. Und Jenkins ist sich in seinen Veröffentlichungen auch sicher, dass die Menschheit sich zwischen 1980 und 2016 in einer Phase des Übergangs befindet. Er spricht von einer "*großartigen Transformation*".

Woher stammen die Informationen des Biophysikers und anderer wie etwa John Major Jenkins, Autor von *Maya Cosmogenesis 2012* (1998), die in der oben genannten Dokumentation des History Channels zu Wort kamen?

Wichtig ist und bleibt in den Diskussionen im Internet, wenn es um den Wandel der Menschheit geht, der erwähnte "Synchronisationsstrahl". Was ist das? Laut den Anhängern dieser These ist es ein Strahl, der vom Zentrum unserer Galaxis (Milchstraße) oder gleich vom Zentrum des Universums auf die Erde gerichtet ist. Seit 15 Jahren könne man diesen Strahl messtechnisch erfassen, und er soll 2012 den Sprung des Menschen zum "Übermenschen" mit einem neuen Bewusstsein verursachen. Dieter Broers weiß in einem Interview zu diesem Strahl auch: *"So berichtete kürzlich die NASA, dass eine Energiewelle von nicht für möglich gehaltener Intensität - kurzzeitig so intensiv wie die Energie des gesamten Universums - direkt auf die Erde gerichtet war."*[17] - Die Quelle für diese Idee ist also - wieder - die NASA. Denn sie beobachtete diesen Strahl angeblich schon lange mit einem wachsamen Auge und ist über diese Tatsache im Bilde. Nur leider weiß die NASA davon nichts. Auch kennt der Maya-Kalender keine Prophezeiung über diesen Strahl, wie gerne gesagt wird. Skeptiker dieser esoterischen Thesen vermuten, dass der sehr starke Gamma ray burst (Gammastrahlenausbruch) GRB 080319B vom 19. März 2008 Pate für diese Idee stand. Von diesem berichtete die NASA tatsächlich am 21. März 2008 auf ihren Webseiten. Doch dieser kam aus dem Sternbild Bootes; nicht aus dem Zentrum der Galaxis.

Dennoch ist der "Synchronisationsstrahl" in der Welt der 2012-Gemeinde enorm wichtig. Recherchen im Internet zeigen, dass dieser Strahl offenbar vor allem durch Broers berühmt wurde. Andere Autoren ritten nur auf der Welle mit. Denn es ist auch verlockend, wenn Broers sagt - wie im oben zitierten Interview –, dass die Maya *selber* Prophezeiungen über diesen Strahl überliefert haben. Was aber falsch ist, wie wir nun wissen und was später noch ausführlicher dargelegt werden soll. Ein Beweis für die großen Veränderungen sind für Broers aber auch Aussagen von "professionellen Sehern" in Russland: Keiner davon konnte mit seiner spirituellen Kraft über das Jahr 2012 hinausblicken.

Der magische Strahl scheint zwar durch Broers bekannt geworden, aber nicht unbedingt eine Erfindung von ihm zu sein. Michael Odenwald berichtet in einem Artikel für *Focus online* am 23. Oktober 2009 dazu Interessantes: 1975 haben bereits Terence und Dennis McKenna behauptet, 2012 beginne eine neue Welt, wenn "*die Sonne den Kreuzungspunkt der Erd-Ekliptik und des galaktischen Äquators verbindet*". Am 21. Dezember 2012 nun findet die "*astronomische und bewusstseinsmäßige Synchronisation mit der Galaxis, insbesondere mit dem galaktischen Zentrum*" statt. Auch José Ergüelles sprach bereits 1987 in *Der Maya-Faktor: Ein Pfad über die Technologie hinaus* von einem Strahl aus dem Zentrum der Galaxis, der eine "*harmonische Resonanz*" bringen wird, wenn die Erde diesen durchquert.

In einem längeren Interview bei *Youtube* mit Broers (dort unter dem Autoren-Pseudonym "Morpheus") vom 31. Januar 2009 wiederholt er seine These. Er sei auch sicher, dass die Strahlen aus dem All die DNA des Menschen verändern werden. Das wiederholte er auch in einem Telefoninterview mit *2012-blog.de* 2009 (leider ohne Datum). Mehr noch: In diesem Interview heißt es sogar, dass DNA-Analysen von Dinosaurierresten bewiesen haben, dass die Urzeittiere "relativ schnell" durch solche kosmischen Strahlen ausstarben. Die These des Asteroideneinschlages vor 65 Millionen Jahren sei daher *falsch*. Falsch ist hier aber etwas anderes. Nämlich, dass wir DNA von Dinosauriern untersuchen können. Die gibt es nämlich heute nicht mehr, und die beiden wissenschaftlichen Abhandlungen (1994 und 1997), die gelungene DNA-Analysen von Dinosauriern zum Thema haben, haben mehr Fragen aufgeworfen als Antworten gegeben ...

Sehr interessant an dem 2012-Interview ist auch der zweite Gast: Martin Strübin vom Blaubeerwald-Institut, der als "Mentaltrainer und Maya-Kenner" vorgestellt wird. Recherchen ergaben sehr schnell, wer dieser "Maya-Kenner" ist. Sein Institut ist eine Einrichtung für Channeling, Aura-Seminare, Heilung und allerlei spiritistischen Schnickschnack. Seine Aussagen über die Maya belegen ganz klar, dass er mit Sicherheit *kein* Kenner der Maya ist - auch wenn er Reisegruppen nach Mexiko führt, die seiner Aussage nach die Maya spirituell ("ganzheitlich") erforschen, und er selbst in Kreisen der 2012-Freunde heute als Kenner der Maya sehr bekannt ist. So etwa ist schon die Angabe des "Experten" falsch, dass die alten Maya prophezeit hätten, 2012 käme der Gott Kukulcán auf die Erde. Das ist natürlich eine Erfindung, und jeder Interessierte, der sich auch nur etwas mit den alten Maya und ihrer Welt beschäftigt hat, sollte das wissen.

Wie dem auch sei: Im Zentrum unserer Galaxie existiert jedoch tatsächlich eine Strahlung - die *Synchrotronstrahlung*. Diese elektromagnetischen Wellen sind ganz natürlich und können heute in rund 30 Laboratorien der Welt selber hergestellt werden. Auch der Riesenplanet Jupiter erzeugt diese Strahlung. Sie ist bekannt und völlig ungefährlich und hat keinerlei Wirkung auf die Menschen. Der esoterische "Synchronisationsstrahl" ist also eine Erfindung, die wahrscheinlich auf den genannten Gammastrahlenausbruch zurückgeht.

Broers hat Anfang 2010 - unbemerkt von der breiten Masse der Esoteriker - jedoch gestanden: Den "Synchronisationsstrahl" gibt es *nicht*! Es sei wohl tatsächlich ein Gammastrahlenausbruch, wie er auch in dem genannten Telefoninterview mit *2012-blog.de* berichtet. Gegenüber dem Magazin *Mysteries* (Nr. 1/2010) meines Kollegen Luc

Bürgin gab Broers dann zu, "*dass ich da wohl einen Fehler gemacht habe, weil ich scheinbar gesicherte Aussagen aus wissenschaftlichen Zeitschriften zu unkritisch zitierte*". Das ist ein Wort.

Broers ist im Kreise der 2012-Anhänger ein Star, auch wenn er sich mit wissenschaftlichen Qualifikationen schmückt, die, wie sich Ende 2009 herausstellte, nicht viel wert sind.* Dieser "Wissenschaftler" schreibt also, der Maya-Kalender würde "relativ korrekt" das Chaos rund um 2012 auf der Erde beschreiben. Auch werden wir seinen Aussagen nach ab 2012 alle (spirituelle!) "Übermenschen" werden. Broers beruft sich bei seinen Prognosen zu 2012 jedoch auf die NASA und damit auf *überprüfbare* Quellen. So etwa schreibt er unmissverständlich in Bezug auf den nahenden "Sonnensturm": "*Die Wissenschaftler der NASA gehen so weit, dass sie aufgrund ihrer Hochrechnungen einen Kollaps für 2012 prognostizieren: weltweite Naturkatastrophen wie Erdbeben und Überschwemmungen, Stromausfälle mit verheerenden Folgen. Ihr Szenario beschreibt einen finalen Zusammenbruch. Genau hier setzte ich an.*"[18] - Gut, dann setze auch ich dort an, zumal der Autor dem Leser im Nachwort seines Buches rät: "*Die Webseite der NASA beispielsweise bietet einen guten Ausgangspunkt, um sich über die neuesten Sonnenaktivitäten zu informieren (...) Seien Sie kritisch.*"[19] Das bin ich. Was ist das für ein NASA-Bericht, der solche Katastrophen vorhersagt? Was steckt hinter diesen Berichten im Internet und bei Broers sowie bei anderen Autoren?

Doch zuvor ein kurzer Exkurs, um die wichtige Frage zu beantworten: Was ist ein Sonnensturm? Die Sonne wirft etwa alle elf Jahre durch Protuberanzen (Materieströme in Bogenform) Materie

---

* Der wissenschaftliche Lebenslauf von Broers wurde im November 2009 auf scienceblogs.de/astrodicticum-simplex umfassend infrage gestellt.

aus. Dabei präsentiert die Sonne dem Beobachter die berühmten dunklen Sonnenflecken. Nun kann es sein, dass Energie- und Materiestrahlung der Sonne auch zu unserer Erde gelangt. Und da sich die Pole der Sonne etwa alle elf Jahre umkehren, kommt es dann auch zu einem Maximum dieser Strahlungen. Tatsächlich: Ohne das Magnetfeld der Erde wären die kosmischen Strahlen der Sonne für uns, unsere Gene und unseren Planeten verheerend bis tödlich! Beweis ist der Planet Mars, der heute kein Magnetfeld mehr hat. So tödlich und öde wie der rote Planet würde auch unsere Erde aussehen.

Nun aber kommen die 2012-Fans ins Spiel. Denn laut deren Aussagen hat die NASA höchstpersönlich für 2012 einen katastrophalen Sonnensturm angekündigt. Die Erde und die Menschheit würden durch Katastrophen erschüttert werden. Laut Broers sei das *"so sicher wie das Amen in der Kirche"*, wie er in der Sendung *Welt der Wunder* sagte. - Stimmt das? Die Quelle der Spekulationen ist nach meinen Recherchen unter anderem der NASA-Bericht *Solar Storm Warning* von Dr. Tony Phillips. Der kurze Artikel vom 10. März 2006 trägt schon einen Titel, der Schlimmes befürchten lässt - und dann schließt er noch mit den Worten *"ein Sturm wird kommen"*. Doch auch das Committee on the Societal and Economic Impacts of Severe Space Weather Events veröffentlichte 2008 eine umfassende Studie zum Weltraumwetter, in der es natürlich auch um die Sonne und ihre bevorstehenden Aktivitäten geht. Die NASA übernahm diese Studie 2009 in ihrem Artikel *NASA-Funded Study Reveals Hazards of Severe Space Weather* von Dwayne Brown. Darin wird zum Beispiel vor Störungen unserer Satelliten und Stromnetze durch die Sonnenstürme gewarnt. Phänomene, die wir schon lange kennen. Beispiel: 1989 verursachte ein Sonnensturm vom 5. März tatsächlich einen Stromausfall in der Region um Montreal in Kanada, der neun Stunden andauerte. Zwischen dem 8. und 13. März 1989 traf der gewaltige Sonnenwind damals auf unsere Erde. Bekannt ist dabei vor allem das Polarlicht als Folge solcher Stürme der Sonne. Es entsteht, wenn Ionen, Protonen und Elektronen des Sonnenwindes auf die oberen Schichten der Erdatmosphäre (Ionosphäre) treffen und dort mit den Atomen und Molekülen der Luft reagieren. Das sind Auswirkungen von Sonnenstürmen, die wir kennen, seit Alexander von Humboldt (1769-1859) am 21. Dezember 1806 erstmals einen solchen Sturm in Berlin beobachten konnte. Den genannten NASA-Bericht von 2008 übernahm jedoch auch *FOX NEWS* am 9. Januar 2009 und schürte mit dem Artikel *Powerful Solar Storm Could Shut Down U.S. for Month* die Panik.

Das sind die eigentlichen Quellen für den Mythos von Katastrophen durch die Sonne im Jahre 2012. Er hat im Internet inzwischen ein Eigenleben entwickelt, und man stützt sich gerne und stolz auf die NASA als solide Quellenangabe. Die NASA selber habe die mögliche Katastrophe auf der Erde prognostiziert. Doch das ist zum Glück falsch. Der Elf-Jahre-Zyklus der Sonne ist keine Schweizer Uhr. Es ist gar nicht sicher, dass 2012 das Maximum an Sonnenaktivität überhaupt erreicht wird. Und so hat, leider unbemerkt von der Masse, das Space Weather Prediction Center (SWPC) im Mai 2009 ein Update veröffentlicht. Dort lesen wir, dass der maximale Sonnensturm erst 2013 erwartet wird - und vom konkreten Datum des 21. Dezember 2012 (Maya-Kalender) natürlich kein Wort. Der NASA-Wissenschaftler David Morrison, der am 1. Juni 2009 umfassend auf der NASA-Homepage 20 Fragen zu Nibiru, Verschwörung und 2012 beantwortete, bringt es auf den Punkt: *"(...) also schätzen Wissenschaftler jetzt, dass das folgende Maximum verzögert wird, möglicherweise bis 2013. Jedoch bleiben die Details des Solarzyklus' im Allgemeinen unvorhersehbar."* [20] Auch sind sich die Weltraum-Wetterfrösche nun sicher, dass die Kraft des anstehenden Sturms weit *geringer* sein wird als das übliche Mittelmaß. *"Es gibt keinen Grund, solch einen großen*

Solarsturm 2012 oder in naher Zukunft zu erwarten", so Morrison. – Ist der umfassende Morrison-Bericht beim Thema 2012 bisher übersehen worden? Es scheint so.

Wie der NASA-Bericht *NASA Scientist Dives into Perfect Space Storm* vom 23. Oktober 2003 verrät, kam es am 1./2. September 1859 zum stärksten Magnetsturm der Sonne, der jemals beobachtet wurde. Polarlichter waren in Italien und Hawaii zu bewundern, und das gerade erfundene Telegrafennetz viel aus. Mehr aber auch nicht. Frage: Kam es auch 1859 zu einem "Bewusstseinssprung", ausgelöst durch die Sonne? Entscheiden Sie selbst.

Ein Sonnensturm hat Auswirkungen auf das Magnetfeld der Erde. Diese Tatsache aber mit einem "Sprung des Bewusstseins" oder gar mit Katastrophen zu verbinden, ist gewagt. Die Veränderung des magnetischen Feldes der Erde würde durch den zu erwartenden Sonnensturm die Menschen "verändern", so die 2012-Fans – auch wenn wir meiner Meinung nach keine Sinnesorgane haben, um solche Veränderungen in unserem Körper wahrzunehmen. Sehr kritisch sollten aber vor allem die zahlreichen Quellen in den Fußnoten betrachtet werden, die nach Broers belegen sollen, dass durch geomagnetische Aktivität Alzheimer, Selbstmorde, psychische Erkrankungen, Unfälle und Ähnliches zunehmen werden. Sie erweisen sich schon bei einer Suche der Quellen über Google und dem Studium der Inhalte als falsch. Diese Aussagen können nicht belegt werden und handeln zudem nicht von Sonnenstürmen und dem Erdmagnetfeld.[21]

Der Astronom Dr. Florian Freistetter wies in diesem Zusammenhang auf eine interessante Tatsache hin: Das Magnetfeld unserer Erde hat an den Polen eine Stärke von 60000 Nano-Tesla, am Äquator etwa die Hälfte und in Deutschland 48000 Nano-Tesla. Ein Sonnensturm verändert das Magnetfeld dabei um 100 bis maximal 1000 Nano-Tesla. Sehen Sie es? Allein der Unterschied des magnetischen Feldes der Erde zwischen Mitteleuropa und dem Äquator ist dagegen riesig. Bei meinen Reisen um die Welt und durch unterschiedlich starke Magnetfelder der Erde habe ich zumindest keinen Bewusstseinswandel erfahren. Ich stieg auch nicht in eine höhere Dimension auf. Auch die Tatsache, dass allein Magnetfelder von Lautsprecherboxen einige *Million* Mal stärker sind als das Feld der Erde, wird ignoriert. Frage: "Beamen" Discos mit ihren zahlreichen riesigen Lautsprechern die Besucher also in höhere Dimensionen des Bewusstseins ...?

Und hier haben wir eine Verschwörungstheorie wie aus dem Lehrbuch: Die Fotos der NASA, die belegen sollen, dass die Rückseite der Sonne vor Aktivität nur so strotzt, sind im Internet von der NASA angeblich manipuliert worden: *"Umso überraschter war ich, als plötzlich genau diese Aufnahmen fehlten. Wieder und wieder gab ich Tag, Stunde und Minute der entscheidenden Kamerabilder ein, doch es waren nicht jene, die ich in Erinnerung hatte. Sie existierten nicht mehr. Fast erschrocken schloss ich daraus, dass die NASA die Bilder aus dem Netz entfernt haben musste. Man hatte die Aufnahmen von der Rückseite der Sonne durch andere, völlig unauffällige ersetzt. Wie gelähmt saß ich vor dem Computer",*[22] schreibt Broers.

"Planet X" alias Nibiru (siehe Teil IV) soll auch auf den NASA-Bildern zu sehen gewesen und von der Weltraumbehörde schnell verheimlicht worden sein. Angeblich hätten die Sumerer (Südirak) vor Jahrtausenden schon vorhergesagt, dass der Planet Nibiru 2003 *"in unser Sonnensystem eintreten wird"*, so Broers und andere. Ich komme noch auf Nibiru zurück, darum nur so viel an dieser Stelle: Die Sumerer haben nichts dergleichen gesagt. Die Maya ohnehin nicht.

Selbst der Polsprung, der Wechsel von Nord- und Südpol, wird gerne mit dem Jahr des Schicksals in Zusammenhang gebracht, vor allem auf der problematischen Esoterik-Webseite *ZetaTalk.com* und der dazugehörigen Page *polsprung-info.de* mit ihrem Forum. Dort werden ein *geographischer* Polsprung und eine Transformation der Menschheit prophezeit. Also das Kippen der ganzen Erde um 180 Grad und damit ein Weltuntergang erster Güte. Ebenso aus Unwissenheit geboren, um es noch einmal zu sagen, sind die Aussagen, dass die Maya und zahllose andere Überlieferungen von 2012 als Wendejahr sprechen. Solche Aussagen existieren schlicht nicht. Walter-Jörg Langbein, Autor des Buches *2012 - Endzeit und Neuanfang*, der sich ebenfalls intensiv mit 2012 befasste, bringt es im November 2009 in einem Internetforum auf dem Punkt: "*Ende aller Tage? Den Mayas war die Vorstellung vom 'Ende aller Tage' vollkommen fremd. Sie dachten und rechneten in Zyklen, teilweise nach Milliarden von Jahren. Auf das Ende eines Zyklus' folgt im Weltbild der Mayas stets der Beginn eines neuen Zyklus'! Deshalb ist die Vorstellung vom 'Ende aller Tage' mit dem Denken der Mayas nicht vereinbar! Das 'Ende aller Tage' ist verankert im jüdischen, christlichen und muslimischen Denken. In diesen Religionen gibt es einen Nullpunkt der Schöpfung des Universums ... und einen Endpunkt, die Apokalypse mit Weltgericht. In diesen Weltreligionen gibt es das 'Ende aller Tage', nicht aber bei den Mayas!*"[23]

Noch einmal zusammengefasst: Da solche angeblich existierenden Überlieferungen der puren Phantasie entspringen, sind auch *alle* Maya-Prophezeiungen über einen "Aufstieg der Menschheit" erfunden. Ebenso ist es purer Unsinn, dass die Maya oder andere Völker angeblich weissagten, dass 2012 die Welt untergeht oder zumindest durch drastische Zerstörungen gebeutelt wird oder dass überhaupt irgendetwas geschieht. Auch wenn es der Kern des Mythos 2012 ist - die Anhänger wissen nicht, wovon sie reden. Niemand konnte mir bei meinen unzähligen Internet-Diskussionen und Recherchen auch nur eine einzige seriöse Prophezeiungs-Quelle nennen. Es hieß etwa, "seriöse Mayaforscher und Wissenschaftler" hätten dies und das herausgefunden.

Es sei "wissenschaftlich erwiesen" und so weiter. Meine Nachfragen nach diesen mich brennend interessierenden Personen und Quellen blieben dann natürlich *alle* unbeantwortet. Und in zahlreichen Internetdiskussionen zu 2012 wurde ich bei der freundlichen Nachfrage nach seriösen Quellen zum Maya-Kalender sogar mehrfach beschimpft.

Doch was ist mit der Astronomie? Im Internet wimmelt es von Aussagen, dass am Ende des Kalenders der Maya am 21. Dezember 2012 die Planeten in einer Reihe stehen werden. Vulkane brechen dann angeblich aus, Fluten überrollen die Erde, die Erde bebt usw. All das sind die Folgen der Planetenkonstellation. Heißt es. – Auch das ist falsch. Astronomen haben berechnet, dass diese Konjunktion der Planeten vor der Sonne alle 180 Billionen Jahre auftreten könnte. Theoretisch, denn so alt wird unser Sonnensystem erst gar nicht, denn in circa zehn Milliarden Jahren wird es untergehen. Auch das gesamte Universum ist mit seinem durch die 2001 gestartete Raumsonde *Wilkinson Microwave Anisotropy Probe* der NASA ermittelten Alter von 13,7 Milliarden Jahren vergleichsweise recht jung. Die Chance für eine solche Konstellation ist damit gleich null. Gravitative Auswirkungen auf die Erde hätte eine solche Stellung der Planeten auch nicht. "*Zusammengenommen gerade einmal zwei Prozent des lunaren Einflusses*" würde diese Planetenstellung auf unserer Erde haben, so das *Scinexx Magazin online* am 10. November 2009.

Doch es kursiert seit Jahren noch eine weitere, spannende Aussage zu 2012: Im "Schicksalsjahr" wird die Erdachse irgendwie ins Zentrum der Milchstraße zeigen. Auch der Bestsellerautor Adrian Gilbert analysiert diese Idee umfassend. Natürlich ist das auch wieder etwas Epochales, und so lesen wir beispielsweise in der Flut der Aussagen darüber im Internet: "*Zur Wintersonnenwende im Jahr 2012 wird die Sonne in Konjunktion mit dem Äquator der Milchstraße stehen. Zu diesem Zeitpunkt findet eine äußerst seltene astronomische Konstellation statt, die sich seit Tausenden von Jahren langsam abzeichnet. Der Ort, an dem die Sonne der Milchstraße begegnet, befindet sich in der 'Dunklen Spalte' der Milchstraße, die durch interstellare Staubwolken gebildet wird."*[24] Nur rund alle 26.000 Jahre würde so etwas vorkommen, wie auch die Maya angeblich wussten. Und eben 2012, zum "Ende" des Maya-Kalenders, sei es wieder so weit.

Mit diesen weitverbreiteten Aussagen ist die Präzession der Erde gemeint: Die Erde taumelt wie ein Kreisel in etwa 25.800 Jahren um sich selbst. So verändern sich auch die Sternbilder am Himmel für uns hier auf der Erde. Auslöser dieser Bewegung unserer Erde ist die Gravitation des Mondes. Da die Bahn der Präzession eine Kreisbahn ist, die natürlich weder Anfang noch Ende hat, ist es auch müßig, hier von einem "Ende" oder "Beginn" zu sprechen. Heute weist die Achse an der Nordhalbkugel der Erde zum Beispiel auf den rund 430 Lichtjahre entfernten Polarstern im Sternbild Kleiner Bär. Vor 14.000 Jahre war jedoch der "Stella Polaris" der 25,3 Lichtjahre entfernte Stern Wega im Sternbild Leier (Lyra), der "wichtigste Stern nach der Sonne", wie es im *The Astrophysical Journal* (Nr. 2/1994) hieß. In 12.000 Jahren wird die Erdachse wieder zur Wega zeigen, und der Stern wird damit erneut zum Polarstern. Möchte man nun, dass die Erdachse 2012 nicht auf den Polarstern, sondern in das galaktische Zentrum zeigt, wie oft gesagt wird, müsste man die ganze Erdachse kippen.

Der Astronomie-Historiker Dr. Shepherd Simson, so erwähnt es zum Beispiel Roland M. Horn in seinem Buch *Apokalyptische Endzeit* (2009), sieht die Sache mit dem Himmelsäquator nüchtern. Seinen Berechnungen nach kam es nämlich angeblich bereits am 21. September 1997 zu dieser "Konjunktion". Geschehen ist damals - natürlich - nichts. Auch kann es keine Konjunktion der Sonne oder auch der Erde mit der Milchstraße an sich geben, wie es oft heißt, denn beide sind ein *Teil* davon. Doch die Erde, die Sonne und alle Planeten unseres Systems kreisen tatsächlich alle 230 Millionen Jahre in unserem Arm der Milchstraße einmal um deren Zentrum. Die Milchstraße ist eine rotierende Spiralgalaxie, und dabei ist unser Sonnensystem mal oberhalb, mal unterhalb der Ekliptik der Milchstraße. Und jetzt wird es spannend: Alle 30 bis 45 Millionen Jahre wird die Ekliptik der Milchstraße von unserem System durchkreuzt. Das war letztmalig vor 1,5 Millionen Jahren der Fall, so dass wir nun 28,5 bis 43,5 Millionen Jahre auf die nächste "Konjunktion" warten müssen. Weit weg von 2012, wie ich meine. Auch geschah vor 1,5 Millionen Jahren dabei - nichts.

Und der Polsprung mit seinen schrecklichen Folgen für die Erde und die Menschheit? Polsprünge der Erde gab es tatsächlich. Professor Peter Olsen weist diesbezüglich in der Folge *Der unsichtbare Schutzschild unseres Planeten* der Serie *Naked Science* von 2005 auf dem *National Geographic Channel* darauf hin, dass es bereits mindestens 18 Millionen (magnetische!) Polsprünge der Erde gab. Und er ist sich auch sicher, dass es irgendwann wieder passieren wird. Es handelt sich bei einem Polsprung um eine Umkehrung des lebenswichtigen Erdmagnetfeldes von Nord nach Süd und umgekehrt; circa alle 250.000 Jahre soll das durchschnittlich passieren. Der letzte Polsprung liegt 750.000 bis 780.000 Jahre zurück, statistisch wäre er also überfällig. Da das Magnetfeld der Erde schwächer wird, glauben Geologen tatsächlich, dass uns "bald" ein neuer Polsprung ins Haus steht. Doch in diesem Satz sind zwei Aussagen, die hinterfragt werden müssen. Geologen bzw. Geophysiker denken in riesigen Zeiträumen, so dass nach deren Meinung in bis zu 4000 Jahren der Start des "Sprungs" stattfinden könnte. Konsequenzen für uns? Wir bräuchten einen neuen Kompass, mehr nicht, so der Geophysiker Bruce Buffett von der Universität von British Columbia. Die Bezeichnung *Sprung* selber ist dabei jedoch enorm irreführend, wenn nicht sogar schlicht falsch: Ein Pol-"Sprung" dauert bis zu 10.000 Jahre, bis er beendet ist. Für Geophysiker ein Wimpernschlag, für die Menschheit eine Ewigkeit.

Die Kommentatoren von *Zetatalk* pochen trotzdem energisch darauf, dass die Welt einen physischen Polsprung erleiden wird. Die Achse der Erde wird sich um 180 Grad drehen - das Ende unserer Welt wird kommen. Die Quellen der *Zetatalk*-"Informationen" über das Ende aller Tage sind jedoch mehr als zweifelhaft, weshalb sie in einem späteren Kapitel erneut zur Sprache kommen müssen. Würde 2012 die Erdachse 180 Grad kippen, dies ist nebenbei interessant, wäre sie trotzdem nicht auf das Zentrum der Milchstraße ausgerichtet, wie oben erwähnt. Die Ausrichtung der Achse bliebe bei einer 180 Grad-Drehung des Planeten natürlich unverändert.

Alles schön und gut. Doch was ist mit den Bunkern, die gebaut werden, um das Überleben der Menschheit und unser Wissen zu sichern? Antwort: nichts. Im Internet kursiert das Gerücht, dass in Norwegen für die Mächtigen und Bonzen des Landes Schutzbunker gebaut werden. Dort können sie den Weltuntergang bequem aussitzen, heißt es. Nahrung erhielt die Story am 26. Februar 2008, als das Svalbard Global Seed Vault auf Spitzbergen (Norwegen) eröffnet wurde. Das ist eine Art Archiv für heutiges Saatgut, das 30 Millionen Euro kostete und 120 Meter tief in einen alten Kohlestollen reicht. Bei -18 Grad Celsius lagert dort Saatgut, das nach Auskunft der Betreiber des Global Crop Diversity Trust sogar einen Atomkrieg überstehen könnte.

Mit 2012 hat das Projekt nichts zu tun. Doch die Verschwörungswebseite *Project Camelot* veröffentlichte *A letter from a Norwegian politician*, wo ein angeblicher hoher Politiker Norwegens (anonym) von der Wende 2012 und den Bunkern in seinem Land spricht. Seine Autorität sei angeblich einwandfrei festgestellt und belegt. Ab dem

7. Januar 2008 breitete sich die Story dann auch im deutschen Internet aus, als Lutz Schaefer den Text auf seiner Webseite *lutzschaefer.com* auf Deutsch veröffentlichte. Ganz schlimme Dinge würden 2012 passieren, so dass Norwegen für zwei Millionen Einwohner unterirdische Bunker gebaut hätte. Es sieht angeblich düster aus: "*Denkt daran, dass diejenigen, die 2012 in städtischen Gegenden sein werden, zuerst getroffen und sterben werden. Später wird die Armee die restlichen Überlebenden einsammeln, und sie hat Schießbefehl gegen jeden Widerstand gegen die Deportation in die Lager, wo alle eine Nummer und ein Etikett bekommen.* (...) *Die Öffentlichkeit wird bis zum bitteren Ende nichts erfahren, weil die Regierung keine Massenpanik auslösen will. Alles wird sehr leise passieren, und die Regierung wird einfach verschwinden.*"[25] – Warum das alles? Weil Nibiru kommen wird. "*Sie werden nur diejenigen retten, die zur Machtelite gehören und wieder aufbauen können.*" Was ist davon zu halten? Eigentlich nichts. Es ist ein anonymer Brief auf einer fragwürdigen Internetseite mit allerlei Verschwörungstheorien. Mehr nicht. Doch er hat es in den Reigen der Mythen um 2012 geschafft.

Auch Joachim Gritsch spricht in einem Vortrag bei *Alpenparlament.tv* von solchen Bunkern und unterirdischen Basen, die die Regierungen angeblich überall auf der Welt zum Schutz anlegen. Zum Schutz vor Nibiru. Seinen "Informationen" nach werden dabei Bohrtechniken eingesetzt, die pro Tag Tunnel von zehn Meilen (= 16 Kilometer!) Länge bohren können. Belege oder Quellen finden sich im ganzen 2012-Vortrag, der seinen Aussagen nach der Aufklärung dient, zu keiner Aussage von Gritsch ... Der Name *Alpenparlament* hört sich zwar politisch an, es ist aber ein Tummelplatz für esoterischen Unfug. Betrieben wird das "Parlament" von dem Verschwörungstheoretiker Martin Frischknecht, der in seinen Ansichten auch dem Verschwörungs- und UFO-Autor Jan van Helsing nahesteht. Von einer solchen

Internetquelle bzw. einem Interview dazu nun stammt die Information, dass global Bunker und Basen für 2012 gebaut werden?!

Die meisten 2012-Autoren sprechen in ihren Veröffentlichungen (mal wieder) von einem "Aufstieg der Menschheit", von einem "Dimensionswechsel", einem "Bewusstseinssprung" oder einem bevorstehenden "goldenen Zeitalter". Auch der oben genannte "Maya-Kenner" und Esoteriker Martin Strübin. Für ihn sei es "*wissenschaftlich nachgewiesen, dass im Einklang mit Sonnenstürmen und -orkanen das Leben auf der Erde regelrecht aus dem Ruder gerät*". Wie Broers behauptet auch er, der Untergang von Kulturen, Kriege, Selbstmorde, Verbrechen usw. sei auf Sonnenaktivitäten zurückzuführen, und diese Zyklen seien statistisch belegt. Doch das ist blanker Unsinn, wie der bei den Esoterikern verhasste – da er grenzwissenschaftliche Thesen und Spekulationen geradezu aggressiv ablehnt – Astronom Dr. Florian Freistetter anhand von Beispielen in seinem Artikel *Bewusstseinssprünge und Katastrophenzyklen* in *Focus online* am 11. Juli 2009 beweist. Auf *2012-blog.de* wird Freistetter aufgrund solcher Aussagen sogar – augenzwinkernd – "2012-Inquisitor" genannt.

Doch zurück zu Martin Strübin, denn woher er seine Informationen hat, ist sehr interessant. So teilte er mir auf Anfrage Ende 2009 *selbst* mit: "*Ich bin kein ausgebildeter Wissenschaftler (...) und habe mein Weltbild und meine Wahrheit subjektiv nach eigenen Erkenntnissen und Erfahrungen sowie auf dem Wissen Dritter aufgebaut.*"[26] – "Weltbilder bauen" können heute viele der Autoren zum Thema 2012. Eines davon: Die Menschen sind angeblich Lichtwesen in einem Universum, das ein Hologramm ist. Darum ist auch die Aussage, dass Sonnenlicht Hautkrebs verursachen kann, eine Lüge der Medizin, sagen manche Autoren. Hautkrebs entstehe vielmehr durch *zu wenig* Sonne, behauptet unter anderem Strübin in einem Onlineartikel. Erst der Schutz durch Sonnencreme und Sonnenbrillen sei verantwortlich für den drastischen Anstieg an psychischen und physischen Krankheiten. Somit: eine Verschwörung der Medizin und von Geschäftemachern.

Warum ich gerade diese Behauptung mit der Sonne heranziehe? Nun: Durch das Maximum an Sonnenaktivität würde der Mensch endlich einen göttlichen Aufstieg erfahren. Viele Völker und deren Mythen würden auf diese Wende am 21. Dezember 2012 hinweisen - was natürlich nur für Esoteriker Fakt ist. Da aber die Sonnenaktivität 2012 belanglos ist, wie die NASA sagt, sind auch solche Aussagen von Autoren zum Thema 2012 Quatsch. Das hindert Joachim Gritsch aber nicht daran, in einem absurden Vortrag bei *Alpenparlament.tv* davon zu sprechen. Er beruft sich dabei auf eine Hellseherin, Lucyna Lobos aus Polen, die angeblich wahre Informationen zu 2012 und in diesem Zusammenhang zur Cheops-Pyramide in Ägypten hat - eine Pyramide, die in Esoterikerkreisen Kult ist (und auch meiner Überzeugung nach noch einige Geheimnisse bereithält). Die Hellseherin Lobos will nun wissen, dass die Pyramide 2000 Jahre *älter* ist als Pharao Cheops (um 2620 bis 2580 vor Christus) der IV. Dynastie und von diesem nur renoviert wurde. In Wahrheit, so Gritsch, wurde sie von einer Kultur errichtet, die unserer weit voraus war. Die Funktion der Pyramide sei nicht die einer Grabstätte, sondern die eines "Sicherungssystems". Diese Sicherung muss 2012 aktiviert sein, wenn die Wende (und Nibiru) kommt. Der "Chip", um die Pyramide "zu aktivieren", ist dabei angeblich die Mumie des Erbauers! Ist das geschehen, würde die "aktivierte" Pyramide ein Schutzfeld um unsere Erde legen. Zu diesem Zweck befindet sich oberhalb der sogenannten Kammer des Königs ein ein Meter großer "Kristall". Verheerende Vernichtungen auf der Erde könnten so 2012 abgewendet werden.

Joachim Gritsch ist Verantwortlicher von *Projekt Cheops* (*Projekt-Cheops.eu*), dessen Mitglieder in Ägypten ernsthaft "wissenschaftlich" versuchen wollen, ihre Thesen zu belegen. Nach eigenen Angaben ist er jedoch "im Gesundheitsbereich tätig". Offenbar ein Heiler. Kein Archäologe, denn das wichtigste Ziel dieses seltsamen Projektes ist die Suche nach der Mumie des Erbauers: der "Chip" zur Pyramidenaktivierung. Die Page des "wissenschaftlichen" Projektes ist ganz auf den Hype 2012 und all seine Subphänomene ausgerichtet. So etwa liest man dort von den Maya, die geweissagt hätten, dass eine Reinigung und ein neues Bewusstsein des Menschen bevorstünden. Die alten Maya sollen auch gewusst haben: "*Am 20.12.2012 betrete die Erde die Mitte einer magnetischen Achse, werde möglicherweise für 60 bis 70 Stunden (ungefähr drei Tage) von einer großen Wolke verdunkelt. Das neue Zeitalter beginne mit Erbeben, Fluten, Vulkanausbrüchen und großer Krankheit - nur wenige werden überleben. Ein großer Wanderstern namens Tzoltek Ek (in Sumer Nibiru genannt) mit einem Umlauf von (3500) 6500 Jahren werde 2012 kommen und alle Pyramiden, das genetische, das ursprüngliche Wissen (Genesis - griech.: Ursprung, Urzeugung) und mit seinem 7. Mond die Schlangenkraft (Kundalini) anregen.*"[27] - Einen Beweis für solche Weltuntergangsaussagen sucht man in der Maya-Literatur vergeblich. Es ist jedoch eine Tatsache, dass der Maya-Kalender 2012 "resetet" wird (wenn die Umrechnung stimmt!), und da die Maya für viele eine Art "Übervolk" sind - teilweise heißt es auch, sie stammten aus dem All! - müssen sie doch für dieses Jahr etwas Epochales prophezeit haben.

TEIL III

Die größten Irrlehren zu 2012

"Am 21. 12. 2012 wird es eine Veränderung geben, dies ist eine Zeit des totalen Zusammenbruchs. Gott wird urteilen. Epidemien, Seuchen und Hungersnöte werden herrschen. Regierungen geraten in fremde Hände. Eine Hälfte hat Essen, die andere wird von Unglück befallen. Eine Zeit, in der das Wort Gottes untergeht. Eine Zeit, sich zu einigen."[28]

Das verkündet ein User in einem interessanten Internetforum. Angebliche "Zitate der Maya-Völker" seien das. Und tatsächlich: 2012 ist fest in den Händen der Verschwörungstheoretiker. Nachdem 1999/2000 nicht das "Jahr der Wende" oder das "Jahr des neuen Bewusstseins" wurde, sondern eher wegen nicht eingetroffener Weissagungen ein "Jahr der Peinlichkeiten" war, hat die Welt der pseudospirituellen Literatur 2012 auserwählt. Auserwählt für allerlei hochesoterische Weissagungen: Von einem Sprung der Menschheit in ein neues Bewusstsein über den "Aufstieg" bis hin zum "goldenen Zeitalter" ist für jeden etwas dabei, man muss nur seine Wahl treffen. - Die Autoren Kurt-J. Heering und Jo Müller fassen übrigens in ihrem interessanten Buch *Apokalypse 2012* (2009) sehr gut die ganzen - nicht eingetroffenen - Weissagungen der Vergangenheit zusammen.

Diana Cooper, eine sehr erfolgreiche Autorin spiritueller Bücher, hat 2009 in ihrem Erfolgstitel *2012 and Beyond* eine sehr gute Zusammenfassung rund um das Jahr 2012 und den Aufstieg geliefert. Zahllose Thesen und Spekulationen aus dem Internet sind hier kompakt von der Autorin und Leiterin der "Diana Cooper School" (*dianacooperschool.com*) aufgegriffen und mehr oder weniger gut erläutert worden. Cooper geht allerdings, wie die meisten Autoren dieses Themas auch, von einem Aufstieg der Menschheit in ein goldenes Zeitalter (ab) 2012 aus, doch für Weltuntergangsszenarien hat sie erfreulicherweise nichts übrig - anders als zum Beispiel Marie D. Jones in ihrem durchaus interessanten Buch *2013: The End of Days or a New Beginning*. Sie sieht im Klimawandel und in angeblich zunehmenden Naturkatastrophen Vorboten für den Untergang und die Wende. Praktisch alles, was irgendwie katastrophal erscheint, ist für Jones und andere ein Vorbote für eine "Evolutionsrevolution" und einen "Quantensprung" der Menschheit.

Auch Lawrence E. Joseph, Autor von *Apokalypse 2012* (2008), reiht sich fröhlich in die Runde derer ein, die aktuelle Katastrophen als Vorboten der Apokalypse deuten. Der Tsunami im Indischen Ozean von Weihnachten 2004 (230.000 Tote, über 100.000 Verletzte) und der Hurrikan "Katrina" im August 2005 (fast 2000 Tote) sind solche Anzeichen, die angeblich die Maya schon vorhergesagt hätten. Sie hätten nämlich gewusst, dass 2012 das Erdmagnetfeld "kippen" wird, so Joseph und sehr viele andere. Wieder andere glauben jedoch, dass Naturkatastrophen wie Erdbeben und der Tsunami 2004 oder das verheerende Erdbeben von Haiti vom Januar 2010 *künstlich* (von den USA) erschaffen wurden! Dabei ist das Projekt *Haarp* (High Frequency Active Auroral Research Program, *haarp.alaska.edu*) bei den Verschwörungsfans im Gespräch als eine angebliche Super-Wetter-Erdbeben-Waffe in Alaska, die der Luftwaffe und Marine der USA gehört sowie der Universität von Alaska. Laut *Spiegel* (Nr. 6/2005) soll die Wundermaschine Haarp sogar künstliche Polarlichter erzeugen können.

Auch wenn sich diese Autoren damit in die Reihen der Verschwörungstheoretiker eingliedern - wirklich mit dem Jahr 2012 und den Maya hat das alles nichts zu tun. Schon eher das, was die Autorin Ute Kretzschmar, die eine der ersten Veröffentlichungen zum Thema 2012 überhaupt publizierte, in ihren Büchern verbreitet. *"Die Aufklärung, die wir jetzt brauchen"*, verdanken wir ihr. Auch sie weiß natürlich von der Wende im Bewusstsein und von "Schwingungserhöhungen" zu berichten. Wir stecken angeblich schon mittendrin, behauptet sie. Auch erreiche die Erde *"dann planmäßig den Andock-Punkt an das Paralleluniversum und mit ihm die Menschen die unvermeidliche Chance, eine neue und gerechte Weltordnung zu erschaffen"*.[29] Geschäftstüchtig hat sie dafür das Jahr 2012 gewählt - ohne zum Beispiel den Maya-Kalender überhaupt in irgendeiner Form zu behandeln.

Über "Aufstieg" und "Schwingungen" 2012 wissen die Esoterikfreunde im Internet so allerlei. Jahrzehntelang schon ist es in gewissen Kreisen üblich, von irgendwelchen Schwingungen zu sprechen. Natürlich könne man diese auch beeinflussen - und das vor allem mit Blick auf das Jahr 2012, das die Szene gespannt erwartet. Nicht gerade seriös ist das, was Leniel Angelika und Jophiel Wolfgang auf ihrer Geschäftswebseite *teleboom.de* verbreiten. Das ist eine obskure Webseite, auf der sich das Who's Who der 2012-Szene - Lichtarbeiter, Mitglieder des "galaktischen Rates" und "Channel-Medien" - mit Botschaften tummelt. Die Seite ist erschreckend, aber sie entspricht dem Zeitgeist.

In einem einschlägigen Esoterikforum las ich dann auch im November 2009 typische "Tatsachen" wie diese: *"Bei dem Dimensionswechsel können wir Menschen der Erde nicht einfach folgen. Nur wer seine Schwingung weit genug erhöht hat (d.h. liebevoll genug ist), wird ebenfalls in die fünfte Dimension mitgenommen. Alle anderen werden die Erde vorher verlassen müssen und werden vermutlich auf andere Planeten der dritten Dimension umgesiedelt.*"[30] Die Internetseite *jow-boehe.de* verbreitet ebenso zahllose "Durchsagen" für den Aufstieg in die fünfte Dimension der Menschheit. Diese sehr umfangreichen Texte sind allesamt medial empfangene Botschaften - in denen auch vom Wandel 2014 gesprochen wird. Erfreulicherweise bringt laut dieser Seite der Nibiru nicht die Vernichtung. Jedoch ist dieser Planet inzwischen angeblich auch unbewohnt, da die Aliens von dort wieder in ihre Heimatgalaxie abgereist sind, denn ihre Mission, den neuen Menschen zu schaffen, sei beendet. Zudem vertragen sie den von Jahwe geplanten Dimensions- und Frequenzwechsel nicht, wie man dort lesen kann: "*Dieser von Jahwe/Gott geplante Wechsel 2012 findet auch deshalb statt, um den Einfluss vieler Weltraumvölker (u. a. Reptoiden) auf die Menschen zu beenden und um das göttliche Experiment Erde wieder zu reinigen (2014), um danach einen Neuanfang mit den Menschen zu beginnen, die diesen Wechsel mit vollzogen haben.*"[31]

Zahlreiche Esoteriker haben das Thema "Sprung des Bewusstseins" fest in ihrem Repertoire - und dies nicht erst seit dem Boom zu 2012. Das Thema ist immer wieder mal aktuell, so auch und vor allem zum Wechsel 1999/2000. Johannes Holey kündete zum Beispiel bereits 1997 für das neue Millennium in seinem Buch *Jesus 2000, das Friedensreich naht* den Bewusstseinssprung für die Menschheit "*und des riesigen Sonnensystems*" an, ebenso "*das seit Jahrtausenden angekündigte Friedensreich*". Da nichts geschah, wurde von Holey in seinem Buch *Bis zum Jahr 2012* (7. Auflage) alles einem Update unterzogen, und der Wandel steht nun 2012 bevor ...

Erstaunlich ist das Buch *Der Maya-Kalender 2000* (1999) von Pio Martinez, in dem er seinen Lesern "*die Prophezeiungen des alten*

Volkes für jeden Tag des Jahres" verkaufen wollte. Auch Nostradamus-Autor Manfred Dimde hatte zum Jahrtausendwechsel Hochkonjunktur mit seinen Veröffentlichungen, ebenso der Autor A. T. Mann und andere. Und der Autor Albert C. Gaulden verbreitete sogar die "*Vorbereitung auf die geistigen Veränderungen, die sich aus der Jahrtausendwende ergeben werden*". Der Atlantis-Fan Semir Osmanagi (auch Sam Osmanagich) ist in seinem Buch *The World of the Maya* (2005) ebenfalls von einem Aufstieg überzeugt, nur eben im Jahr 2012. Auch er beruft sich dabei umfassend auf die Maya, wie es auch der Titel seines Buches schon verrät. Er schreibt: "*Wenn die Himmel sich öffnen und kosmische Energie durch unseren kleinen Planeten fließt, dann werden wir durch die Vibrationen auf ein höheres Niveau angehoben.*"[32]

In einem "Heiler-Forum" wird hitzig über "die neue Erde - Aufstieg 2012 in die fünfte Dimension" diskutiert. Dort werden auch eifrig mediale Botschaften zu 2012 eingestellt, die zum Teil sogar von Jesus Christus selbst stammen sollen. Am 17. Mai 2007 konnte auch ein "in Liebe schwimmendes" Mitglied dem Forum freudig verkünden: "*Ich hatte vorgestern Morgen meinen ersten Kontakt mit Jesus.*" All dies dient der Vorbereitung auf die Wende für die Eingeweihten. Eine medial empfangene Botschaft weiß dann auch schon im Mai 2007: "*Bereits seit dem 5. März 2005 besteht die sogenannte Paradiesmatrix. An diesem Tag kehrten alle Meister, die je einmal auf der Erde gelebt haben, zurück zu Gaia. Sie kehrten wieder, nicht ihr biologischer Körper, sondern ihr vereintes Bewusstsein. Die Behausung dieses vereinten Aufstiegsbewusstseins findet man in einem fein abgestimmten Magnetgitter, dessen Vollendung zwölf Jahre in Anspruch nahm. Es wurde dazu geschaffen, damit diese Meisterenergien sich auf ihm niederlassen konnten. Während die Meister auf ihm wohnen, wird die Energie, die es erzeugt, dann als Manifestationspotenzial in unsere*

DNA übertragen. Das Gitter fungiert als Hauptüberträger, die gesendeten Infos sind jedoch nur ein interdimensionaler Übertragungsvorgang. Wir sind die Empfänger, und wir können auch entscheiden, aus freien Stücken, ob wir uns auf diese wunderschöne, ausgewogene Energie einschwingen wollen oder nicht."[33]

Die Erfolgsautorin Diana Cooper behauptet wiederum, dass die Ära von Atlantis an diesem 21. Dezember enden wird - eine Periode, die 260.000 Jahre dauerte und in der wir uns trotz des Untergangs von Atlantis vor 10.000 Jahren noch immer befinden. Ich stehe den Autoren von Büchern zu Atlantis in der Regel durchaus wohlwollend gegenüber, aber ich gehe nicht mit Aussagen wie der folgenden konform: *"Wenn wir bereit sind, kann 2012 der Beginn einer wunderbaren neuen Lebensweise für uns alle werden."* Das prophezeien Autoren wie Cooper, da die Energie von Atlantis (was das ist, weiß ich nicht) ab diesem Jahr die Menschheit verwandeln soll. Denn "*Gaia, das gewaltige Wesen, in dessen Obhut sich die Erde befindet, hat verfügt, dass die Erde und alle ihre Bewohner aufsteigen müssen*". So soll 2032, nach 20 Jahren des Übergangs, endlich das schon oft angekündigte goldene Zeitalter anbrechen. Die Autorin Ute Kretzschmar ist in ihrem Buch *Der Aufstieg der Erde 2012 in die fünfte Dimension* (2002) jedoch etwas anderer Meinung. Sie glaubt, dass die "großen Meister" wie der Erzengel Michael weissagen, dass 2002 bis 2012 die "Meisterjahre" sind. Sie dienen, laut Kretzschmar, der Vorbereitung zum Aufstieg der Menschheit und der Erde. Ihrer Meinung nach sei 2012 der Aufstieg vollzogen. Ein Kritiker bei *Amazon* gibt jedoch zu den Aussagen der Autorin scharf zu bedenken: *"Ich kann vor solcher Literatur nur warnen. Der Genuss kann einen Menschen böse verwirren."* Dieser Meinung bin auch ich.

Dieses Ereignis des Aufstiegs, so viele Autoren, haben die alten Maya natürlich bereits prophezeit. Sie hätten das Ende des Kalenderzyklus' als Tag der Schöpfung bezeichnet, und ab dato soll eine Energie mit Namen "Kundalini" alle Menschen und den Planeten Erde "aktivieren", heißt es hier und dort. Die Kraft an sich ist allerdings *keine* Erfindung der 2012-Jünger. Sie stammt aus der indischen Philosophie und Yogilehre, soll jedem Menschen innewohnen und von spirituellen Menschen durch Yogapraktiken, Meditation oder Reiki erweckt werden können. Man unterscheidet hier zwischen "spontanem Erwachen" und einem langsamen Aufstieg. Ich stehe Yoga und den Meditationspraktiken Indiens durchweg aufgeschlossen gegenüber, und selbst Carl Gustav Jung (1875-1961) befasste sich 1932 in seinem Buch *The Psychology of Kundalini Yoga* (neu 1999) mit dem Thema. Doch ein Zusammenhang zwischen Kundalini und 2012, wie es die 2012-Anhänger allerorts behaupten, ist nirgendwo erkennbar. Zudem soll, den indischen Lehren nach, dieser spirituelle Zustand durch die oben genannten Praktiken erlangt werden, nicht durch einen Wandel der Welt. Nicht in oder ab einem bestimmten Jahr. Nicht für alle Menschen der Erde automatisch.

Ein weiterer Beweis für die Wende soll ein auf der Bewegung der Plejaden basierender "kosmischer Kalender" sein, der angeblich ebenfalls am 21. Dezember 2012 zu Ende geht.

Das nun ist sehr interessant. Die Plejaden, die tatsächlich existieren, sind nämlich ein populäres Thema in der pseudoesoterischen Szene. Diese berühmten, zwischen September und April leicht zu beobachtenden Sterne nennt man auch "Siebengestirn" und wissenschaftlich M45. Sie sind 100 bis 125 Millionen Jahre alt und umfassen rund 1200 Sterne in durchschnittlich 380 Lichtjahren Entfernung. Sechs bis neun der auffallenden Sterne kann man von der Erde mit bloßem Auge erkennen. Uralte Kulturen wie die Sumerer, die sie zum Beispiel "Sterne des Enki" (Enki ist ein Gott) nannten, kannten die Plejaden.

Sie dienten auch als kalendarische Fixpunkte; so finden sie sich auf der "Himmelsscheibe von Nebra" aus Deutschland (etwa 4000 Jahre alt), und sogar die bis zu 19.000 Jahre alten Felszeichnungen der Höhle von Lascaux (Frankreich) zeigen diese Sterne. Kein Wunder also, dass ihnen in der modernen New-Age-Welt eine große Bedeutung beigemessen wird.

Die Autorin Barbara Marciniak etwa ist seit über zehn Jahren sicher, dass sie Botschaften der Menschen der Plejaden empfängt. Darüber veröffentlichte sie schon zahlreiche Bücher, wie das Buch *Family of Light* (dt. "Die Lichtfamilie" 2004), in dem sie bereits 1998 Alien-Botschaften der Plejadenbewohner für die Menschheit und das Jahr 2000 und später natürlich 2012 verbreitete - wichtige Tipps für die Menschheit, um die "*stürmischste aller Zeiten*" zu überleben.

Der UFO-Autor Eduard Albert "Billy" Meier der UFO-Gruppe Freie Interessengemeinschaft für Grenz- und Geisteswissenschaften und Ufologiestudien (F.I.G.U.) in der Schweiz behauptet ebenso, dass er Kontakt mit Außerirdischen von den Plejaden hat. Und das seit 1942. Er ist überzeugt davon, dass nur er allein wirklichen Kontakt mit diesen Außerirdischen hat, mit denen er angeblich sehr oft spricht. Doch zu 2012 gibt Meier - mit Berufung auf seine Außerirdischen - erstaunlicherweise in allen Dingen Entwarnung, beispielsweise im Alien-Kontakt-Bericht Nr. 479 vom 5. September 2009, der auf den Seiten *figu.org* zu finden ist.

Andere aber sind sich sicher: Ab 2012 werden Aliens der Plejaden hier auf die Erde kommen. Bei einigen Autoren heißt es etwa, dass die Außerirdischen, die "Sternenkinder", derzeit auf den Plejaden in eine niedere Energieform umgewandelt werden, um sich der niedrigen Frequenz der Erde anzupassen. Die kosmische Energie der unzähligen anderen Galaxien des Universums würde von den Plejaden umgewandelt und transformiert, bis die Wesen dieser Sterne sich "hochfrequente

Mütter" auf der Erde suchen, die mit der "höheren Schwingungsfrequenz" der Außerirdischen kompatibel sind. Von diesen Frauen werden die Aliens dann auf unserem Planeten geboren, sie inkarnieren sich. Auch die Engel von Atlantis, Einhörner (die uns das "Dritte Auge" öffnen) und andere sollen zur Erde kommen und uns kosmische Informationen, Liebe und das Licht bringen.

All das hat natürlich schon begonnen, und wieder einmal wird die Astronomie herangezogen, um dies zu beweisen: Der Transit des Planeten Venus, also der Vorbeizug des Planeten vor der Sonne von der Erde aus gesehen, am 8. Juni 2004 soll männliche und weibliche Energien zur Erde geschickt haben. Unser Aufstieg wird dadurch angeblich weiter beschleunigt und gipfelt im erneuten Transit der Venus am 5./6. Juni 2012. *"Die neue Welt der Bewusstheit soll zwischen dem 05./06. Juni 2012 in der Zeit des Venus-Transits geboren werden"*, will zum Beispiel *Projekt Cheops* auf seinen Webseiten wissen. Auch P. M. H. Atwater, Autorin einer ganzen Reihe esoterischer Bücher, ist sich sicher, dass der Transit eine Epoche voller Prüfungen und Vorbereitungen darstellt - Vorbereitungen auf die neue Welt. In dieser Epoche liefern sich Gut und Böse (= Licht und Dunkelheit) heftige Kämpfe, schreibt sie in *Indigo-Kinder und die neue Zeit ab 2012* (2007).

Der Autor Johannes Holey ist ebenfalls von spirituellen Einflüssen der Venus überzeugt. In *Der Jesus Code* (2007) schreibt er: *"Seit dem 8. Juni 2006 kommt die Liebesenergie der Venus immer stärker in unsere Empfindungen, und Aquaria, die Energie des Wassermann-Äons, ermöglicht die Zunahme der eigenen Schöpfungsmöglichkeiten unserer DU- und WIR-Ebenen."*[34] Auch über den Venus-Transit am 8. Juni 2004 weiß Holey etwas zu berichten. Er schreibt dazu: *"Der zweite große Energiewandel unserer Tage ist der aktuelle*

Venus-Sonnen-Transit, der vom 8. Juni 2004 bis zum 6. Juni 2012 besteht. Er kam zeitlich nach der 'weiblichen Sonnenenergie' und wirkt natürlich noch verstärkend, denn mit dem Planeten Venus ist die kosmische Energie des Weiblichen, der Gefühle und der Liebe in allen nur denkbaren Formen verbunden. Seit Jahrtausenden war das so (...)"[35] – Das alles ist natürlich äußerst diskussionswürdig. Ganz zu schweigen davon, dass der Transit der Venus *nicht* bis zum 6. Juni 2012 dauert, sondern dann ein neuer Transit erfolgt. Doch warum kann man solche Aussagen nicht ganz ernst nehmen? Das Transitereignis ist ein Highlight der Astronomen, keine Frage. Aber es ist nichts Besonderes, da bekannt. Auch zum Beispiel 1761, 1769, 1874 und 1882 kam es zu einem solchen – zugegeben seltenen – Transit. In 130 Jahren kommt dieses Schauspiel zweimal vor, und es wurde erstmals vom deutschen Astronomie-Pionier Johannes Kepler (1571-1630) beim Venustransit am 7. Dezember 1631 beschrieben. Am 11. Dezember 2117 und 8. Dezember 2125 ist es auch wieder so weit. Wird auch dann die Erde mit Kräften und Energie bestrahlt? Sind wir dann, den 2012-Anhängern nach, mit unserem Aufstieg nicht schon fertig oder leben sogar schon in einem neuen Zeitalter? Die 2012-Jünger schweigen dazu ...

Aber auch Mutter Erde selbst hält für das Jahr 2012 ein paar Überraschungen bereit. So etwa soll es 33 "kosmische Portale" auf der Erde geben; als solche interpretiert auch Semir Osmanagi bestimmte Sakralbauten; es verwundert in diesem Zusammenhang eigentlich nicht, dass die 2012-Autoren auch den mindestens 4500 Jahre alten Sphinx von Gizeh als kosmische Pforte mit verborgenem Wissen ansehen, die sich im Wendejahr öffnen wird. Diese Portale oder Pforten würden sich 2012 und danach öffnen und hochfrequente Lichtenergiestrahlen zur Erde senden. Gern spricht man in diesem Zusammenhang von zwölf solcher Lichtstrahlen, die von Überwesen und Erzengeln ausgehen sollen. Energieportale wie das von Atlantis oder das der "Hohlen Erde" (die Erde soll einer These nach innen hohl und bewohnt sein) öffnen sich dabei schon jetzt. Der Eingang zum Inneren der Erde soll allerdings erst 2035 vollkommen offen sein, doch das Portal des angeblichen versunkenen Kontinentes Mu (Pazifischer Ozean) wiederum soll uns durch seine Öffnung 2012 die Weisheit der versunkenen Mu-Bewohner bringen. Interessant ist auch das Energieportal im Bermudadreieck im Atlantik. Dort soll sich der Kristall von Atlantis auf dem Meeresboden befinden, der von einem Rat galaktischer Wesenheiten nach Lust und Laune aktiviert werden kann. Das sei auch der Grund, warum dort angeblich Schiffe und Menschen spurlos verschwinden: Sie verschwinden durch Dimensionsverschiebungen. Auch wenn ich den Mythos des Bermudadreiecks mehr als kritisch sehe, wie ich in meinem Buch *Historia Mystica* 2009 bereits dargelegt habe, ist die Idee des Kristalls von Atlantis im Atlantik *keine* Erfindung. Die Idee stammt vielmehr von dem interessanten Hellseher Edgar Cayce (1877-1945) aus den USA, der 300 Bücher mit spirituellen Wahrsagungen ("Readings" genannt) und Informationen über Atlantis und zum Thema Wiedergeburt hinterlassen hat. Der Atlantis-Kristall ist damit eine alte Idee. In seinem "Reading" Nr. 2072/10 vom 22. Juli 1940 sagte Cayce zum Kristall von Atlantis zum Beispiel: "*Es hatte die Form einer sechsseitigen Figur, in der das Licht als Kommunikationsmittel zwischen dem Unendlichen und dem Endlichen erschien. Es war das Mittel, durch das mit jenen Kräften kommuniziert werden konnte, von denen die Energien ausstrahlten, also dem Zentrum, von dem aus die Strahlenaktivität die verschiedenen Formen des Übergangs oder der Fortbewegung in jener Zeit lenkten. Es war einem Kristall ähnlich, hatte aber eine etwas andere Form. Es sollte nicht mit einem einfachen Kristall verwechselt werden, denn es gab viele Generationen dazwischen. In der atlantischen Zeit lenkte man mit diesem Stein Flugzeuge oder sonstige Fortbewegungsmittel, man bewegte sich damit in der Luft, im Wasser oder unter dem Wasser fort. Aber die Kraft, aus der diese Fahrzeuge gelenkt wurden, ruhte in dieser zentralen Kraftstation, dem Tuaoi-Stein, er war der Strahl, der die Fortbewegung ermöglichte. Im Anfang war dies die Quelle, aus der auch spiritueller und mentaler Kontakt herrührte."*[36] Cayce zog vor über 70 Jahren ebenfalls interessante Verbindungen zwischen Atlantis und dem alten Ägypten, wie es der Cayce-Kenner und Autor Roland M. Horn zum Beispiel in *Atlantis* (2009) diskutiert. Nach Aussagen von Cayce war Ägypten einer Art Kolonie der Bewohner von Atlantis. Die Atlanter kamen dorthin, damit "*die Berichte dort aufbewahrt werden sollten*", heißt es etwa in "Reading" Nr. 955/1 vom 20. Juli 1935.

Drunvalo Melchizedek ist sich sicher, dass 2012 ein Wendejahr ist. Aber er ist nach Informationen des "Maya-Rates der Ältesten" und des "Präsidenten der gesamten Maya-Nation" davon überzeugt, dass es zunächst eine Phase des Übergangs geben wird. Melchizedek: "*Der Maya-Kalender prognostiziert ein Zeitfenster rund um das Datum 21.12.2012, das das 'Ende der Zeit' genannt wird. Wir sind nun innerhalb dieses Zeitfensters. Wir leben im 'Ende der Zeit'."*[37] Für Melchizedek ist es ein Fakt, dass "*die Akademiker der Welt (...) das Maya-Wissen und deren Kalender studiert*" haben und 2012 das Jahr des Schicksals für die Menschheit sein wird. Dies ist natürlich reine Erfindung, und der Autor untermauert diese Aussage auch nicht etwa mit Quellen oder mit den Namen der "*Akademiker der Welt*", die das herausgefunden haben sollen. Dennoch findet laut ihm 2012 (erneut!) die "*Geburt eines neuen Bewusstseins*" einer neuen Menschheit statt. Weiter ist er sich sicher, dass am 24. Oktober 2007 der Anfang vom "Ende der Zeit" war, in der wir uns heute befinden. Und innerhalb dieser Phase des "Endes der Zeit" wird es nach Melchizedek einen *physischen* Polsprung geben – wie vor 13.000 Jahren, als nach seinen Aussagen Atlantis versank und die Atlanter (= Ex-Außerirdische) das Volk der Maya gründeten. Angeblich haben weitsichtige Forscher bereits versucht, die Menschheit zu warnen, doch auch hier ist eine Verschwörung im Gange: "*Vor kaum zwei Jahren* (das wäre etwa 2007 gewesen, Anm. d. Autors) *gingen die Wissenschaftler, die das Erdmagnetfeld beobachten, ins Internet, um die Welt zu warnen. Es wurden ihnen elf Tage gegeben, bevor die Regierungen ihnen verboten, weiter darüber zu sprechen. Vielleicht weil sie Angst hatten, dass die Menschen zu beunruhigt sein könnten. Die Wissenschaftler sagten, es waren so viele Anomalien im Erdmagnetfeld, dass sie glauben, dass in 25 Jahren das Magnetfeld der Erde nicht nur sich bewegen, sondern sogar seine Polarität ändern könnte, so dass der Nordpol der Südpol wird und umgekehrt. Vor acht oder neun Monaten* (ca. November 2008, Anm. d. Autors) *kamen die gleichen Wissenschaftler wieder ins Internet und gaben eine sogar noch größere Warnung heraus. Sie sagten, die Anormalien seien so groß, dass sie den magnetischen Polsprung jede Minute erwarten würden. Für die Wissenschaft ist es eine Tatsache, dass vor 13.000 Jahren ein physischer Polsprung stattfand.*"[38] – Das ist natürlich Unfug. Wer sollen "*die Wissenschaftler*" sein, die die Welt warnen wollten, aber dann von den Mächtigen mundtot gemacht wurden? Ich habe nichts mitbekommen in dieser Zeit. Auch ist es natürlich "*für die Wissenschaft*" *keine* Tatsache, dass 11.000 vor Christus ein Polsprung im Sinne eines Kippens der Erdachse um 180 Grad stattgefunden hat. Das gilt auch für die Aussage des Autors, dass "*die Wissenschaft weiß, dass es nur 20 Stunden dauert, wenn (sich) die Erdachse physisch verschiebt*". Doch viele teilen die Ansichten von Melchizedek, zum Beispiel Johannes Holey, der versichert, dass vor 13.000 Jahren eine globale Flut die Welt vernichtete.

Der u. a. von Melchizedek erwartete Polsprung ist natürlich Teil der kosmischen Transformation der Menschheit. Denn der letzte und für ihn "bewiesene" Sprung der Pole verursachte bereits eine solche Transformation der Menschen - allerdings leider im negativen Sinne. Er schreibt: "*Vor 13.000 Jahren, als der letzte Polsprung war, hatten wir eine Bewusstseinsveränderung, doch dies war eine negative. Anstatt hinaufzugehen, fielen wir hinunter mit dem Bewusstsein, dorthin, wo wir jetzt sind. Vorher waren wir in einem sehr hohen Bewusstseinszustand. Grundsätzlich gehen wir dorthin, wo wir vor langer Zeit schon waren.*"[39]

Doch warum eigentlich der 24. Oktober 2007? Dazu gibt es eine spannende Deutung: "*Kurz vor dem 24.10.2007 erschien ein Komet, genannt 'Holmes', in unserem Sonnensystem. Ein sehr kleiner, sich schnell bewegender Komet. Kein Wissenschaftler gab ihm seine besondere Aufmerksamkeit und wenn, dann war es keine besondere Sache für einen Astronomen. Aber am 24.10.2007 explodierte dieser Komet und wurde schnell eine riesige blaue Kugel am Himmel, sich immer weiter ausdehnend, bis er sogar größer als die Sonne wurde. Er wird nun als das größte Objekt, das jemals in unserem Sonnensystem gesehen wurde, bezeichnet.*"[40] - Das ist interessant, denn meine Recherchen ergaben sehr schnell, dass der Autor hier wohl den 3,4 Kilometer (Kerndurchmesser) großen Kometen "17P/Holmes" meint, der am 6. November 1892 von dem britischen Astronom Edwin Holmes (1842-1919) entdeckt wurde. Das Objekt bewegt sich elliptisch in einem Sonnenabstand von 2,053 bis 5,181 Astronomischen Einheiten (AE) durch das Sonnensystem, wobei es bei seinem siebenjährigen Umlauf am 4. Mai 2007 seinen sonnennächsten Punkt (Perihel) erreichte. Er "*erschien*" dabei natürlich nicht plötzlich in unserem Sonnensystem, wie oben zitiert, sondern war schon lange Teil davon und den Astronomen seit 1892 bekannt.

Im Herbst 2007 nun titelten die Medien erstaunt, dass der Komet tatsächlich und unerwartet enorm hell wurde. *Welt online* sprach am 25. Oktober 2007 davon, dass der Komet "*derzeit 100.000-mal heller als normal*" sei. Einen Tag später berichtete *Spiegel online* dann, dass der Komet nun sogar eine halbe Million Mal heller am Himmel leuchten würde. Der Grund dafür war wohl, dass der Komet mit einem Asteroiden im All zusammengestoßen sein muss. In der Tat "explodierte" vom 24. zum 25. Oktober die Helligkeit des Kometen gewaltig - was von Melchizedek und angeblich von den heutigen Maya als Beginn des "Endes der Zeit" interpretiert wird. Übergangen wurde dabei jedoch komplett, dass das kosmische Spektakel des weit entfernten Kometen *keinerlei* Auswirkung auf die Menschen und unsere Erde hatte, auch wenn er mit seiner Gas- und Staubhülle größer als die Sonne wurde, was aber wirklich ausschließlich auf die den Kometen umgebende Gas- und Staubwolke betrifft.

Aber hat Melchizedek nicht gesagt, er habe seine Informationen vom Maya-Rat der Ältesten in Guatemala? Dann könnte doch etwas dran sein, oder? Apolinario Chile Pixtun heißt der älteste Maya in Guatemala, und der ist in einem Interview mit dem britischen *Telegraph (11. Oktober 2009)* extrem genervt von den "*westlichen Theorien*" rund um 2012. Der *Telegraph* dazu wörtlich: "*Apolinario Chile Pixtun ist von den wilden Fragen zum Weltuntergang, mit denen er bombardiert wird, genervt. 'Letztes Jahr bin ich aus England zurückgekommen, und ich hab die Schnauze voll von diesem Kram!', sagte er.*"[41] Die Direktorin der Foundation for the Advancement of Mesoamerican Studies (FAMSI, famsi.org), Sandra Nobel, wird noch genauer. "*Für die Maya*", so Nobel, "*war es eine große Feier*", wenn das Ende eines Zyklus' erreicht wurde. Die Deutung von 2012 als Ende der Welt oder Aufstieg nach XY ist für sie nur "*eine komplette*

Erfindung und eine Chance für eine Menge Leute, Geld zu verdienen".[42] Der mexikanische Archäologe Guillermo Bernal spricht, auf das Thema 2012 angesprochen, ebenfalls von westlichen Ideen, die nichts mit den Maya zu tun hätten. Maya-Experte Prof. Dr. Nikolai Grube von der Universität Bonn sieht das ebenso: ein erfundener Hype der westlichen Welt. Der Zeitung *Die Zeit* sagte er in einem Interview 2009: "*Es gibt in der Tat eine Lust auf Weltuntergang, gerade in unserer westlichen Industriegesellschaft, die wenig spirituelle Alternativen zur Verfügung stellt. An das Jahr 2012 knüpfen Esoteriker eine Heilserwartung, sie rechnen mit einer neuen Ära des Lichts, der Schwingungen oder der Kristalle, da hat jede Gruppe ihre eigene Metapher."*[43] Und die *Baseler Zeitung* zitiert Professor Grube am 21. August 2009 mit den Worten: "*Keine Inschrift und kein Codex der Maya enthalten Angaben über die Bedeutung dieses Datums, und keine Prophezeiung lässt sich finden, welche die Behauptungen über ein angekündigtes Weltenende stützen könnte.* (...) *Ganz offensichtlich eignen sich wenig bekannte und exotische Völker wie die Maya ganz besonders gut als Projektionsfläche für die Wünsche und Ängste von Menschen aus der kapitalistischen Welt."*[44]

Dennoch werden manche nicht müde, hartnäckig falsche Weltbilder zu 2012 und den Maya zu vertreten, so beispielsweise auch der bereits erwähnte Martin Strübin. Den Beweis, dass er jedoch kein Kenner der Maya ist, liefert er in einem zweistündigen Interview für *Alpenparlament.tv*, worin er die im Internet und Büchern kursierenden Spekulationen zusammenfasst. Natürlich spricht auch er den Maya "Blutrünstigkeit" ab und versucht, sie als Supervolk der Wissenschaftler und Forscher darzustellen. Strübin vermutet nicht nur, dass der Vatikan Maya-Handschriften mit gigantischem Wissen geheim hält, sondern auch, dass die Maya alle Planeten des Sonnensystems kannten. Belege für die Vatikan-Verschwörung liefert er allerdings nicht.

Die genialen Maya kamen seiner Meinung nach (und nach Meinung vieler anderer) zudem entweder aus Atlantis, aus dem All (Alien-Astronauten-Nachfahren) oder sind kosmische Wesen, die sich inkarnierten. In ihrer Abstammung sei die Quelle all ihres Wissens zu suchen, vor allem auch in Bezug auf 2012. Die Botschaft der großartigen Propheten sei es, das Wissen um die "Zeit-Licht-Matrix", die die Evolution steuert, an uns Menschen von heute weiterzugeben. Auch weiß Strübin natürlich etwas über das Zentrum der Milchstraße zu berichten. Über die Sonne, den Stern Sirius und die Plejaden bildet die Erde, laut Strübin, eine göttliche Verbindung mit dem Zentrum der Galaxis. Er spricht dabei von einer "astrophysikalischen Schnittstelle". Daneben ist sich Strübin sicher, dass die Sonne unser Schicksal sein wird. In einem Artikel schreibt er zum Beispiel: "*Gerade die Sonnenflecken-Zyklen bzw. die Teilchen und Strahlungen der Sonne beeinflussen das Leben auf der Erde wie nichts anderes. Es ist wissenschaftlich nachgewiesen, dass im Einklang mit Sonnenstürmen und -orkanen das Leben auf der Erde regelrecht aus dem Ruder gerät. Es lassen sich in direkter Verbindung mit den Sonnenzyklen das Entstehen und Vergehen von Kulturen nachweisen, Kriegszyklen verfolgen, die Reaktionen der Menschen beobachten (Erhöhung von Herzinfarkten, Selbstmordraten, Geburten, Verbrechen etc.) und natürlich auch Wetterveränderungen oder die Gletschertätigkeit usw.*"[44] – Was davon zu halten ist, das kann jeder für sich selbst entscheiden.

Auch die "Maya-Priesterin" Nah Kin, eigentlich Eugenia Casarin aus Mexiko, die seit ihrer Kindheit "ausgeprägte feinstoffliche Wahrnehmungen" haben will, ist von Sonnenwirkungen, beispielsweise Änderungen der DNA, überzeugt, was sie in ihrem Buch zum Thema 2012 vertritt. Astronomen wie Dr. Freistetter laufen gegen solche Thesen Sturm.

Auch der Doppelstern Sirius - der "Hundsstern" - im Sternbild "Großer Hund" ist ein fester Bestandteil bestimmter Thesen rund um 2012. Sirius ist 240 Millionen Jahre alt und nur 8,6 Lichtjahre von uns entfernt. Ein Nachbar im All also. Die alten Ägypter glaubten schon vor rund 2860 Jahren, dass der Stern die jährlichen Nilüberschwemmungen verkünde, und sie brachten ihn auch mit der Fruchtbarkeitsgöttin Isis in Verbindung. Ebenso war er bei Sumerern, Assyrern und Babyloniern von großer kultischer und kalendarischer Bedeutung. Thesen einiger "Ancient Aliens"-Vertreter besagen spätestens seit dem Bestseller *The Sirius Mystery* (1976) von Robert K. G. Temple, dass Außerirdische von diesem berühmten Stern einst auf die Erde kamen und Wissen und Weisheit brachten. Nicht wenige glauben weiter, dass der Doppelstern untrennbar mit der Architektur der Cheops-Pyramide - dem "kosmischen Generator" der 2012-Gemeinde - in Zusammenhang steht. Forschungen der Astronomin Virginia Trimble an der Cheops-Pyramide im Jahr 1964 legen dies angeblich nahe. Kein Wunder also, dass nun auch Sirius im 2012-Mythos seinen Platz gefunden hat.

Durch Schaltzentralen wie eben Sirius und Ähnliches soll 2012 der Wandel kommen. Natürlich soll dabei auch wieder die Sonne eine große Rolle spielen, und "*Wissenschaftler*" sollen bewiesen haben, "*dass 2012 etwas passieren wird*", wenn die Aktivität der Sonne ihr Maximum erreicht (was so ja nicht richtig ist). Spirituelle Wandlungen sollen sich abzeichnen, die zum Beispiel durch "Portale" der Erde von der Sonne zu uns kommen sollen. Mehr noch: Es findet angeblich alle acht Minuten ein "*Datenaustausch zwischen dem Lebewesen Sonne und dem Lebewesen Erde*" statt. Diese acht Minuten meinen mit Sicherheit acht Lichtminuten, die Zeitspanne also, die das Licht der Sonne benötigt, um unsere Erde zu erreichen. Vielleicht sind sogar Neutrinos gemeint, die von der Sonne zur Erde rasen. Doch diese elektrisch neutral geladenen Elementarteilchen durchdringen die Erde, da sie kaum in Wechselwirkung mit Materie treten. Konsequenzen hat das nicht.

Vor allem auf der Rückseite der Sonne sei nun aber nachgewiesen worden, dass die Sonnenflecken in Aufruhr sind - ähnlich wie es auch Dieter Broers "bewiesen" haben will. Dass aber die Sonne sich in einem Vier-Wochen-Zyklus (etwa) *dreht* und dabei auch die Rückseite des Sterns einmal zur Erde weist und somit zur Vorderseite wird - das verschweigen die meisten. Oder sie wissen es schlicht nicht.

Generell werden sämtliche Fakten, die gegen ihre Aussagen und Thesen sprechen, von den 2012-Freunden ignoriert oder übergangen. Eine Anhängerin schrieb zum Umstand, dass die Wissenschaft diese Ideen und die Thesen anderer Autoren für Unsinn hält, sogar: "*Das bedeutet, dass Dieter Broers mit seinem wissenschaftlichen Wissen Unwissende erreichen möchte. Und diesen Schritt finde ich sehr wichtig. Seit der Inquisition im Mittelalter gibt es ein Tabu für die Wissenschaft, in Richtung Seele und Geist zu forschen. Denn für diesen Bereich war nur die Kirche zuständig. Jetzt ist vielleicht die Zeit gekommen, Wissenschaft und Spiritualität wieder miteinander zu verbinden.*"[45] - Die 2012-Esoterik wird also von einer modernen Wissenschaft unterdrückt wie seinerzeit die Ketzer durch die Inquisition?

Aber gehen wir noch einen Schritt weiter: Mehrere Ebenen der kosmischen Evolution des Universums, wussten angeblich wieder einmal die Maya, sollen der spirituellen Schöpfung innewohnen. Bei jedem Sprung oder bei jeder Welle dieser Evolution soll das Bewusstsein jeweils um den Faktor 20 wachsen (die Maya rechneten mit einem Zwanzigersystem). Natürlich sei auch die Entstehung der Maya im berühmten Jahr 3114 vor Christus auf eine solche Evolution zurückzuführen (wobei schlicht übergangen wird, dass archäologisch in dieser

Zeit keine Maya-Kultur nachweisbar ist). Die rasante kosmische Evolution in Zyklen sorgte angeblich auch dafür, dass wir heute in einer galaktischen Ebene mit einem solchen Bewusstsein leben. Und, Sie ahnten es sicher schon, 2012 kommt der nächste Sprung. Dann werden wir die universale Ebene Gottes erreichen. Die ganze Milchstraße und unser Sonnensystem "schwingen" schon dramatisch und weisen den Weg in das goldene Zeitalter. Wundervoll wird dann die Welt werden. Eins mit Gott und der Schöpfung soll die Menschheit werden. Das rasante Wachstum unserer Gesellschaft und Zivilisation beweise dies ebenso wie (nicht existierende) alte Maya-Prophezeiungen. – Doch Vorsicht, denn die Verfechter solcher Ideen warnen: Jeder, der *nicht* auf der Welle der nahenden Erleuchtung mitschwimmen wird, wird zwangsläufig untergehen. Das gelte für Individuen ebenso wie für Gesellschaften. Dies ist auch der Grund, warum zum Beispiel das schon genannte Blaubeerwald-Institut nach eigenen Worten versucht, eine "Parallelgesellschaft" aus vorbereiteten und spirituellen Esoterikern zu schaffen, so der Instituts-Leiter Strübin, der dabei sogar sicher ist, die etablierte Wissenschaft forsche schon lange zum Thema dieses kosmischen Wandels. Was natürlich frei erfunden ist.

Doris Bilgeri, die sich nicht nur für eine Maya hält, sondern auch dazu auserwählt sein will, "*das verborgene Wissen wieder in diese Welt zu holen*", teilt solche Ideen. Natürlich ist Bilgeri eine machtvolle Wunderheilerin, eine "Gesandte", sie kann nach eigenen Angaben spirituell Raum und Zeit überwinden und spekuliert in ihrem Buch *2012/2013. Das Jüngste Gericht* (2008) so frei und wild, dass ein *Amazon*-Kritiker ihr Buch richtigerweise als "*Sammelsurium zum Teil gefährlicher Absurditäten*" bezeichnet. Bilgeri ist überzeugt, dass "*im Zeitraum 2012/2013*" das Jüngste Gericht kommen wird, "*das die Menschen aussiebt in gute und schlechte*". Martin Strübin ist ebenso davon überzeugt, dass wir mit unserer "Resonanz" mitschwimmen müssen, um aufzusteigen. Denn "*das Universum entwickelt sich sowieso in Richtung Erleuchtung*". So schreibt Strübin: "*So gelangen wir kollektiv auf liebevolle und harmonische Weise auf die vom Universum angestrebte Bewusstseinsebene der Erleuchtung und können im Einklang mit allem Leben einen neuen Himmel und eine neue Erde erschaffen.*"[46]

Auch Roland Emmerichs bereits erwähnter Katastrophenfilm *2012* zog die Aufmerksamkeit der 2012-Gemeinde auf sich. Die einen meinen, dass er der "*Vorbereitung*" auf die kommende Wende diene und die Funktion einer "*Aufklärungsarbeit*" habe. Andere sehen darin richtigerweise nur Krach-Bumm-Unterhaltung. Einige sehen den Film kritisch und erspüren darin sogar die Gefahr, dass so die Eigenschwingung nicht der kosmischen Strahlung angepasst werden kann. Was immer das bedeuten soll ... Ein Filmkommentar in einem einschlägigen Esoterik-Forum zum Thema "Aufstieg" sagt zum Beispiel: "*Das ist der Grund, warum diejenigen, die ihre Schwingung nicht erhöhen, nicht mitkommen werden. In den höheren Dimensionen kann man nur mit einer höheren Schwingung leben. Diese höhere Schwingung beruht auf wahrer Liebe. Licht ist Liebe. Der Schlüssel zu den höheren Dimensionen ist die Liebes-Frequenz in deinem Herzen. Und die kann man in den Filmen nicht finden.*"[47] Ohne Licht und Liebe und ohne die Hintergründe des Films im Internet zu recherchieren, so die 2012-Anhänger, werde man das Mysterium hinter dem 2012-Film nicht lüften. Nun, da meinen die 2012-Promotor wohl ihre eigenen Aufstiegs-Webseiten und -Foren, die sich immerhin von Weltuntergangsszenarien distanzieren, denn nüchtern nachgehakt verpufft der Mythos nun einmal im Nichts. Der wissenschaftlichen Community ist dies im Grunde egal, obwohl die NASA auf ihren Seiten deutliche Worte gegen den Hype um 2012 findet.

Ebenfalls problematisch: Der weiter oben bereits angesprochene "kosmische Synchronisationsstrahl", den die Maya und andere Völker angeblich exakt vorhersagten. Er soll nach rund 26000 Jahren wieder erscheinen, was auch Nostradamus laut der bereits genannten *History Channel*-Dokumentation zum Thema 2012 schon ahnte. Aber es kommt noch besser: Als dieser kosmische Synchronisationszyklus letztmalig vollendet wurde, kam es zu gewaltigen Veränderungen wie der Eiszeit auf Erden. Natürlich sollen die Maya das mal wieder alles gewusst haben ... Ein Klimawandel mit allen Folgen, Sonneneinwirkungen, Überflutungen, ein Abschmelzen der Pole, Hungersnöte, knappe Ressourcen, Kriege, Wirtschaftskrisen und vieles mehr - all das wussten Nostradamus und die Maya bereits im Voraus, und all das verweist angeblich auf 2012 als Jahr des Wandels. Selbstverständlich haben angeblich auch die alten Ägypter in ihren uralten Bauten codierte Botschaften als Warnung hinterlassen. Laut Gregg Braden, Autor von *Das Erwachen der neuen Erde* (2009), weisen auch die drei Hauptpyramiden von Gizeh und der Sphinx auf die Wende im galaktischen Synchronisationszyklus von 26.000 Jahren hin. Astrophysiker der NASA sollen zudem inzwischen angeblich *bewiesen* haben, dass die Maya Recht haben und es diesen Superstrahl gibt: "*Diese Strahlen sind erst seit rund 15 Jahren messbar. Die NASA berichtet von sensationellen Ereignissen, die nahezu identisch mit den Berichten der Maya zu sein scheinen. Den Synchronisationsstrahl, von dem die Maya sprachen, haben die Astrophysiker nun wohl nachgewiesen. Sie berichten, dass vom Zentrum unserer Galaxis ein - bisher nicht für möglich gehaltener - Energiestrahl 'wie ein Scheinwerfer aus den tiefsten Bezirken des Alls' auf die Erde gerichtet aufscheint.*"[48] - Belege hierfür konnte ich keine finden.

Auch das Thema "Indigo-Kinder" wurde inzwischen mit 2012 verwoben. Sie erinnern sich an mein Vorwort? Die Esoterik und Grenzwissenschaft hat wie ein Krake gierig die Tentakel nach allen Themen rund um 2012 ausgestreckt. Dazu zählt auch das Thema der "Indigo-Kinder", das 2000 aus den USA zu uns kam und inzwischen "*einen neuen Esoterik-Trend*" darstellt, wie es die Beratungs- und Informationsstelle Sekten-Info NRW beschreibt, die gleichzeitig auf den Zusammenhang dieser Kinder für eine neue Welt mit ADS (Aufmerksamkeits-Defizit-Störung) und ADHS (Aufmerksamkeits-Defizit-Hyperaktivitäts-Störung) verweist. Natürlich können betroffene Eltern dort Hilfe bekommen.

Indigo-Kinder sind angeblich spirituelle und esoterische Superkinder für eine neue Welt. Die Autorin P. M. H. Atwater beispielsweise veröffentlichte 2005 ihr Buch *Beyond the Indigo Children*. Darin geht es um "die neuen Kinder und das Kommen der fünften Welt", und verkaufsfördernd geschickt heißt das Buch daher bei uns *Indigo-Kinder und die neue Zeit ab 2012* - auch wenn es kaum etwas konkret mit dem Thema 2012 zu tun hat. Die Autorin ist sich in ihrem Buch sicher, dass diese angeblichen Superkinder den Aufstieg in die fünfte Welt vorhersagen. Ab 2012/2013 soll dieser beginnen (der Krieg von Armageddon war laut der Autorin übrigens 2007!), und Liebe, Frieden, verschiedene Bewusstseinszustände und Weisheit sollen wir dann erlangen. Die Indigo-Kinder weisen uns den Weg in dieses Paradies. Sehr ähnlich sieht diese Kinder auch die Heilerin und "eingeweihte Maya-Priesterin" Nah Kin (= Eugenia Casarin) in ihrem Buch *2012* (2009).

Auch Doris Bilgeri verbreitet Derartiges in ihrem Buch, wenn sie schreibt: "*So ist es zu beobachten, dass seit dem Anfang der Neunzigerjahre die Mehrheit der neugeborenen Kinder Indigo-Kinder sind. Diese Kinder werden Indigo-Kinder genannt, weil sie unter der Strahlung der neuen Zeit geboren werden. (...) Indigos kommen zur Welt, um uns bei der Transformation in die Neue Zeit behilflich zu sein.*"[49]

Der Kristallschädel des Britischen Museums. Esoteriker sind sich sicher, die Schädel haben "magische Kräfte" und stehen auch mit dem Jahr 2012 in Zusammenhang. Skeptiker sind sich sicher, sie stammen aus dem 19. Jahrhundert. Quelle: Lars A. Fischinger

Ich möchte mich nun noch einem weiteren Thema zuwenden, das in Bezug auf 2012 immer aktueller wird: die Kristallschädel. Hierbei handelt es sich um wundervolle Menschenschädel aus Bergkristall, die über die ganze Welt verstreut sind. Zum Beispiel bewunderte ich ein besonders schönes Exemplar im Britischen Museum in London.

Angeblich sind sie viele Jahrtausende alt und sollen entweder von den Maya/Azteken/Inka, von Außerirdischen, von Atlantern oder aus dem Europa des 19. Jahrhunderts stammen. – Aus dem 19. Jahrhundert? Genauer gesagt um 1870 sowie aus der "Edelsteinstadt" Idar-Oberstein in Rheinland-Pfalz. Dafür liegen mir stichhaltige Hinweise vor, die in der Esoterik-Szene jedoch durchweg ignoriert werden. Stattdessen wird der Mythos weiter ausgeschmückt: Ein solches Kunstwerk wurde angeblich nie von Archäologen bei einer wissenschaftlichen

Grabung gefunden, sondern sie *"tauchten unter mysteriösen Umständen auf dem Kunstmarkt auf"*.[50] Diese "uralten" Schädel sollen uns zudem durch "Energien", "Strahlungen" und Ähnliches Prophezeiungen mitteilen. Ja, wenn man alle 13 angeblich echten (= uralten) Schädel zusammenbringt, soll das Wissen der Menschheit offenbart oder der Weltuntergang abgewendet und ein neues Zeitalter eingeläutet werden können. *"Sprechen und singen"* können die 13 Schädel bei einer Zusammenführung angeblich, *"um den Menschen die Geheimnisse des Wissens zu offenbaren"*, wie etwa die *Bild am Sonntag* vom 6. Oktober 2002 schrieb.

Seit dem Bestseller *The Mystery of the Crystal Skulls* (1997) von Chris Morton und Ceri Louise Thomas ist das Thema der 13 Kristallschädel in Esoteriker-Kreisen nicht mehr wegzudenken. Der schon erwähnte Autor Melchizedek glaubt zum Beispiel nicht nur, dass die Maya aus dem bei einem Polsprung vor 13.000 Jahren versunkenen Atlantis stammen, sondern auch, dass die Kristallschädel Wissen beinhalten. Er weiß denn auch, woher die Maya ihr Superwissen haben: *"Neben dem Gebrauch ihres Gehirns tun sie das durch den Gebrauch der 13 Kristallschädel. Jeder steht für 1000 Jahre an Erinnerung seit Atlantis. (...) Der erste Kristallschädel kam aus Atlantis. Aber der zweite kam aus der neuen Maya-Welt, nachdem der Polsprung der Erde stattgefunden hatte, was vor 13.000 Jahren war. Jeder Kristallschädel wurde für ein Jahrtausend erschaffen und enthält die Erinnerung der letzten 1000 Jahre. Alles zusammen gibt es 13 Kristallschädel, die die Erinnerung von den letzten 13.000 Jahren in sich tragen."*[51]

Das Problem hierbei: Der Archäologe und Amerikanist Professor François Gendron hat inzwischen 52 existierende, "echte" Kristallschädel verzeichnet. Das sollte zu denken geben, vom Umstand, dass wir überhaupt nicht belegen können, dass die Schädel uralt sind, ganz zu schweigen. Interessant ist vor allem auch die Tatsache, dass beim Auktionshaus *eBay* inzwischen Dutzende solcher Kristallschädel (in klein und auch mal in groß) angeboten werden - und das nicht erst seit dem Spielfilm *Indianer Jones und das Königreich des Kristallschädels* von 2008. Dabei fielen mir zahlreiche einschlägige Auktionsangebote immer wieder besonders auf: "Bergkristallschädel *Corazon de Luz*". Und der ist etwas ganz Besonderes mit Blick auf 2012. So heißt es in einer der Auktionen, die ich Ende 2009 aufrief: "*Unsere Kristallschädel werden vom Seraphim-Institut im heiligen Ritual durch den Kristallschädel Corazon de Luz aktiviert und energetisiert - sie enthalten somit die originalen vollständigen Informationen des 'großen' Schädels und strahlen diese auf ihre Umgebung aus. Die Energieübertragung wird von der Kristallschädelhüterin Karin Tag und ihrem Team des Seraphim-Institus geleitet.*"[52] - Mit Licht und Liebe werden die Schädel also angeblich "energetisch gereinigt". Gebete begleiten die "Auflade-phase", bis sie "programmiert" und "aktiviert" sind. Dann kann der Schädel ein "*liebevoller Freund mit lichtvoller Ausstrahlung*" werden, der spannende Informationen preisgibt.

Was das alles mit 2012 zu tun hat? Für die Anhänger inzwischen sehr viel. Denn die Hüterin des prachtvollen Original-Schädels Corazon de Luz (= "Herz des Lichtes") vom Seraphim-Institut, die die *eBay*-Schädel auch selbst auflädt und aktiviert, Karin Tag, ist als "Expertin" und Autorin von Kristallschädel-Büchern inzwischen sehr bekannt. Uralt soll ihr Luz sein (30.000 Jahre!) und Karin Tag nach spiritueller Reifung von den Inkas übergeben worden sein. Seitdem "erforscht" sie seine "Photonenenergie" mit einer Art Fotoapparat. Dieser Schädel dient angeblich ebenfalls der "*Erweckung des Planeten*" und löst Visionen und Weissagungen beim Menschen aus. Das "*elektromagnetische Resonanzfeld sowie die Photonenaktivität*" des Kristallschädels seien ebenso beeindruckend, verrät die Webseite *Sera-*

phim-Institut.de. Beeindruckend seien auch "Untersuchungen" von archäologischen Orten wie Gizeh oder Stonehenge sowie christlicher Reliquien mit dem Kristallschädel.

Spätestens 2008 stieg Karin Tag dann mit ihren "Forschungen" richtig ins Esoterik-Geschäft ein. Mit ihrem Schädel kann man esoterische Seminare und Sitzungen abhalten und Prophezeiungen empfangen. Ein "Intensiv-Seminar" kostet 670 Euro; Einzelsitzungen, um von ihrem Luz "persönliche Prophezeiungen" zu erfahren, sind schon für 120 Euro zu haben. Die Geschäftsfrau hält natürlich auch Vorträge, präsentiert ihren Schädel ihren Fans und verkauft sogar verschiedene Wässerchen, die etwa die Schwingungen des Luz enthalten sollen: *"Der Kristallschädel Corazon de Luz wird als liebevolles Lichtwesen von den Indianern aller Stämme verehrt. Mit den göttlichen Schwingungen des kosmischen All-Wissens hilft er der Menschheit, in eine höhere Schwingungsqualität zu wachsen. Diese Originalprodukte werden im heiligen Ritual von Corazon de Luz aktiviert und sind Energieprodukte mit Qualitätssiegel zur Hilfe für den friedlichen Bewusstseinsprozess auf Mutter Erde."*[53] Die recht geschäftstüchtige Frau Tag mit ihren etwas zweifelhaften Methoden ist indes Kult, insbesondere nach ihrem Auftritt bei *Focus TV*, der auch bei *Youtube* zu sehen ist (wo sich auch Interviews mit ihr finden). So verwundert es nicht, dass Tag das Buch *2012 - Die Prophezeiungen des Kristallschädels Corazon de Luz* vorlegte. *"Spannende und wichtige Informationen"* für die Menschheit und unser Bewusstsein würde der Schädel prophezeien und ein 1000-jähriges Reich des Friedens vorbereiten. Auch haben ihre "wissenschaftlichen Forschungen" mit elektromagnetischen Photonenfeldern angeblich bewiesen, dass ihr Schädel *nicht* einfach nur ein modernes Kunstwerk ist. Den Einwand, die Schädel seien offensichtlich mit modernen Werkzeugen bearbeitet worden, kann die Hüterin damit "widerlegen", dass sie wohl nach ihrem Auffinden etwas zerkratzt waren und mit modernen Mitteln wieder aufpoliert wurden ...

In ihrem Buch zu 2012 nun berichtet diese Autorin ihren Lesern, dass der Inhalt des Buches von ihrem Inka-Kristallschädel aus Peru geweissagt worden sei. Ihr Buch sei nicht nur wichtig, sondern sogar eine *"große Hilfe für die Menschheit"*. Auch berichtet Tag von einem neuen Bewusstsein der Menschheit ab 2012, denn nicht sie persönlich schreibe dies, sondern der Kristallschädel habe ihr das Buch diktiert: *"Dieses Buch ist ein medial empfangenes Werk, das nichts mit mir persönlich zu tun hat. Die Worte sind durch mich hindurchgegangen und ein Beweis für die fantastische Art und Weise der Kristallschädel, die Menschen zu unterstützen, und sie bestätigen das unendliche Wissen dieser Wesenheiten."*[54] – Und damit schließt sich der Kreis des Unsinns rund um 2012. Die Kristallschädel, die schon seit vielen Jahren für Interesse sorgen, sind nun Teil des recht lukrativen 2012-Mythos' geworden.

TEIL IV

2012: Die Rückkehr von »Planet X« Nibiru?

Es haben sich inzwischen drei weitverbreitete spekulative Hauptthesen in Sachen 2012 (mit Berufung auf nicht vorhandene Weissagungen der Mayas) herausgebildet: der Untergang der Welt, Aussagen über den "Wandel", den "Aufstieg", die "Erleuchtung" und Ähnliches sowie die Wiederkehr des Planeten Nibiru/Marduk, auch gerne "Planet X" genannt. Der dritte Punkt ist ein Thema, das seit über 30 Jahren in der Grenzwissenschaft, hier speziell der Prä-Astronautik, aktuell ist. Und es ist ein Thema, mit dem ich mich seit Jahren auseinandergesetzt habe und das ich hier diskutieren möchte. Eine Recherche über Google Ende November 2009 erbrachte bei Eingaben wie "Nibiru", "Nibiru Planet X", "Nibiru 2012" etc. zwischen 449.000 und unfassbare 55.300.000 (bei "Nibiru Planet X") Treffer. Das ist weit mehr als bei der Eingabe "Maya 2012" mit rund 24,5 Millionen Treffern. Also steht schnell eindeutig fest: Das Thema Nibiru alias Planet X ist sehr weitverbreitet und hat bereits Kultstatus erreicht. Doch um was handelt es sich hierbei?

Das ist schnell erklärt: Nibiru soll ein zehnter Planet (= "Planet X" der Wissenschaft, dazu später) *unseres* Sonnensystems sein, der von intelligenten Aliens - Anunnaki genannt - bewohnt wird. Nibiru zieht dabei seine Bahn in etwa 3600 Jahren in einer starken Ellipse um die Sonne, sehr ähnlich der von langperiodischen Kometen. Ein Jahr dort ist also 3600-mal länger als eines bei uns auf der Erde. Dieser Planet kommt ursprünglich aus den Tiefen des Kosmos' und drang vor Urzeiten in unser Sonnensystem ein; Zecharia Sitchin will anhand des berühmten babylonischen Schöpfungsepos' *Enûma elîsch* aus dem achten Jahrhundert vor Christus dieses Szenario rekonstruiert haben. Der eingedrungene Nibiru nun wiederum soll wesentlich größer als die Erde sein. Wie groß, da streiten sich die Geister, doch sogar von der dreißigfachen Erdmasse wurde schon gesprochen! Durch Gravitationschaos und Kollisionen, ausgelöst durch diesen Planeten, wurde angeblich nicht nur der damals noch existierende Planet Tiamat, der zwischen Mars und Jupiter gelegen haben soll, vernichtet. Nein, es sollen dabei auch die Erde und unser Mond (einst ein Mond des Tiamat) geschaffen worden sein. Nachdem Nibiru dann seine elliptische Umlaufbahn um die Sonne einnahm, entfaltete sich dort Leben, und letztlich besiedelten ihn sogar intelligente Außerirdische, die vor 445.000 Jahren erstmals auf unsere Erde gereist kamen. Von nun an besuchten die raumfahrenden Anunnaki die Erde regelmäßig. Diese Wesen schufen dabei vor 300.000 Jahren die Menschen durch Genmanipulation - sie gaben ihnen den "letzten Schliff" -, schufen/befruchteten später die ersten Kulturen wie die Sumerer im heutigen Südirak und sind heute als die Götter der Vorzeit bekannt. Spuren dieser Götter des Nibiru sind weltweit "codiert" in Mythen, Schriften und Legenden zu finden, heißt es. So weit die eigentliche, über 30 Jahre alte Grundthese. Aber: Im Jahre 2012 nun ist ein weiterer 3600-Jahre-Zyklus des Nibiru vorbei, und er kommt wieder in das innere Sonnensystem und damit zur Erde. Auch von einer Kollision des großen Nibiru mit der Erde sprechen 2012-Apokalyptiker.

Die These um Nibiru gehört damit in die “Ancient Astronaut”-These, die als Prä-Astronautik bekannt ist und vor allem durch meinen Kollegen Erich von Däniken seit 1968 berühmt wurde. Sie besagt, dass Außerirdische vor Urzeiten auf die Erde kamen, hier die frühen Menschen mit Wissen und Weisheit befruchteten und vielleicht sogar genetisch an uns “Versuche” durchführten. Die Frühmenschen sahen in den Aliens Götter des Himmels, und Mythologien, aber auch Funde in aller Welt liefern angeblich Hinweise auf diese Astronautengötter - eine These, die auch ich in zahlreichen Büchern und Artikeln seit über 20 Jahren vertrete. Es ist allerdings auch eine These, deren “Beweis” kritisch ist. Eine populäre Teilthese der Prä-Astronautik sagt auf alle Fälle, dass diese Außerirdischen nicht aus den Tiefen des Universums kamen, sondern von einem bisher unentdeckten Planeten unseres Sonnensystems: dem Nibiru - und diese These ist verbreitet wie kaum eine zweite. Aber: Ursprünglich hatten die Annahmen zu Nibiru *nichts* mit 2012 zu tun. Die beiden Themen wurden Jahrzehnte später erst im Internet miteinander verknüpft. Was steckt nun wirklich dahinter?

Zecharia Sitchin. Er veröffentlichte 1976 seine Idee von einem zwölften Planeten: Nibiru. Seine Thesen haben allerdings nichts mit dem Thema 2012 zu tun.

Quelle: Zecharia Sitchin / Pressefoto

Geboren wurde die These der Anunnaki-Götter vom Nibiru von dem bereits erwähnten US-Bestsellerautor Zecharia Sitchin, der heute sogar im Kreis der Prä-Astronautik-*Befürworter* umstritten ist. Sitchin hat rund ein Dutzend durchweg sehr interessante Bücher über seine Nibiru-These veröffentlicht. Im Jahre 1976 erschien sein Erstling *The Twelfth Planet,* der seit 1979 unter dem Titell *Der zwölfte Planet* auch in Deutschland erhältlich ist. Ein Bestseller, der laut der *New York Times* vom 8. Januar 2010 bereits in der 45. (englischen) Auflage erscheint. "*Wann, wo, wie die Astronauten eines anderen Planeten zur Erde kamen und den Homo sapiens schufen*", will uns der Autor darin erklären. Ich kenne *alle* Bücher des erfolgreichen US-Autors über Nibiru, die Götter aus dem All und seine Thesen. Doch damit bin ich im Kreise der an der Grenzwissenschaft Interessierten und vor allem der 2012-Fans offensichtlich alleine, was u. a. die bereits erwähnte Panik machende Sendung zu 2012 in *Welt der Wunder* belegt, die auch über Nibiru berichtete. Seine Existenz sei eine Tatsache und das *"am besten gehütetste Geheimnis"* der Wissenschaft/NASA. Fakt sei, dass es Nibiru gebe und dass dieser zur Erde kommen werde. Das gehe aus *"Geheimdienstberichten"* hervor. Welche, wird nicht gesagt. Auch wurde der Planet, wie man behauptet, schon 1983 gefunden - doch alles wird angeblich von den Mächtigen geheim gehalten. Natürlich sollen auch die Maya all das gewusst haben.

Unser gesamtes Sonnensystem im Größenvergleich. Pluto ist kein Planet mehr. Gibt es noch einen Riesenplaneten mit Namen Nibiru? Quelle: NASA

Anders als andere Autoren zu diesem Thema sagt Sitchin von sich selbst, er würde *"den Kopf hinhalten"* und seine Thesen seien noch Jahre nach der Erstveröffentlichung unwiderlegt ... In seinem wichtigen Erstling legte der Bestsellerautor den Grundstein all seiner Thesen und aller weiteren Bücher. Sie bauen praktisch alle aufeinander auf und bilden nach Sitchin *"die Chroniken des Planeten Erde"*. Er beruft sich dabei vor allem auf uralte Schriften der Sumerer (Irak) und anderer Völker des Nahen Ostens. Angeblich sei er *"anerkannter Altertumsforscher"* und Orientalist, wie es seine Biographie in seinen Büchern verrät. Der vorderasiatische Archäologe und Altorientalist Dr. Joachim Marzahn vom Vorderasiatischen Museum zu Berlin hat jedoch nachgewiesen, dass Sitchins Biographie so offenbar nicht ganz stimmt.

Sitchins dennoch ohne Frage umfangreichen und faszinierenden Untersuchungen haben in den alten Texten und Überlieferungen "Beweise" für den zwölften Planeten Nibiru gefunden. "Zwölfter Planet" nennt der Autor ihn deshalb, da nach Sitchins Meinung die Sumerer früher *alle* Planeten inklusive Nibiru kannten und Sonne und Mond mitzählten. Die Erde wäre laut Sitchin Planet Nummer sieben, da die Außerirdischen beim Anflug von außen auf unser inneres Sonnensystem natürlich die Planeten von außen nach innen zählten. Planet Nummer eins ist somit Pluto, Nummer zwei Neptun ... und die Erde käme dann an Position sieben für die Raumfahrer. Was alles durchaus plausibel klingt. Aber: Nach Sitchin ist auch der Mond ein (eingefangener) Planet und wurde so von den Sumerern mitgezählt. Von der Sonne gezählt wäre der Mond Planet Nummer vier nach der Erde. Warum ist dann die Erde vom Pluto aus gezählt gleich nach Mars der siebte Planet und nicht der Mond? Das bleibt, wie so vieles an der Nibiru-Idee, das Geheimnis des Autors.

Ein wichtiger Beweis ist für Sitchin auch ein 4500 Jahre altes akkadisches Rollsiegel, das im Irak gefunden wurde. Das sehr interessante

Objekt soll nach Meinung vieler das *gesamte* Sonnensystem plus Nibiru astronomisch korrekt zeigen, auch den Winzling Pluto, der erst am 18. Februar 1930 am Lowell-Observatorium in Arizona entdeckt wurde. Es sind aber nur die Planeten Merkur, Venus, Mars, Jupiter und Saturn mit bloßem Auge zu beobachten. Die Sonne steht auf diesem Rollsiegel auch korrekt im Zentrum des Systems, und die Planeten sind darum angeordnet. Skeptiker und Zweifler sagen, die Interpretation von Sitchin und anderen sei Quatsch. In Wahrheit sei das mutmaßliche Sonnensystem auf dem archäologischen Fundstück nur Schmuckwerk und kein Sonnensystem. Ob das wirklich so ist, weiß ich nicht, und das müssten ehrliche Skeptiker eigentlich auch zugeben. Ich habe das Thema Rollsiegel in dem Buch *Historia Mystica* 2009 diskutiert, weshalb ich mich an dieser Stelle hiermit begnügen möchte.

Wenige Prä-Astronautik-Forscher haben sich überhaupt intensiv mit Sitchin befasst. Die meisten Nibiru-Gläubigen kennen vielleicht das Buch *Der zwölfte Planet* sowie die Unmengen an Aussagen, Spekulationen

Das akkadische Rollsiegel, das den Planeten Nibiru zeigen soll.

Quelle: Lars A. Fischinger

und Gerüchten, die sich wie eine Flut durch das Internet ihren Weg bahnen. Geradezu erstaunlich ist aber die Tatsache, dass bei zahlreichen Diskussionen und auf Webseiten über diesen Planeten im Internet Sitchin *gar nicht* erwähnt wird. Es muss deshalb ernsthaft die Frage erlaubt sein, ob der Ursprung der Nibiru-Saga nach über 30 Jahren in der Diskussion vergessen wurde?! Der *Pro*-Prä-Astronautik-Autor Wolfgang Siebenhaar ist indes einer der wenigen, die sich schon 1995 (unbemerkt von der Menge) kritisch mit Sitchin befasst haben und darüber publizierten, ebenso und zur gleichen Zeit der Autor Michael Haase, der damals Herausgeber des privaten Archäologie-Magazins *G.R.A.L.* war. Gleichfalls machte sich der Jurist und Prä-Astronautik-Kritiker Dr. Klaus Richter in einem umfassenden Artikel für die Gesellschaft zur wissenschaftlichen Untersuchung von Parawissenschaften e.V. 2003 die Arbeit, Sitchin zu überprüfen.

Die Nibiru-Fans nun verwiesen auf den Umstand, dass Sitchin Unmengen an Beweisen und Hinweisen entdeckt habe; folglich *muss* es diesen zehnten Planeten geben. Mehr noch, es wird gemunkelt, dass auch die NASA über seine Existenz bestens informiert ist. Das Internet und zahlreiche Diskussionsforen sind voll von Mitgliedern, die darauf bestehen, dass es Nibiru gibt. Hartnäckig pochen die Befürworter auf dessen Realität, während Skeptiker die Idee rundweg vom Tisch fegen. Eine Meinung im Sinne von "vielleicht existiert er oder vielleicht auch nicht" gibt es nicht. Das ist auch nicht verwunderlich, denn Sitchin selbst schreibt immer wieder von *"Beweisen"*, er habe *"belegt"* und so weiter. Er konstruiert dabei aber meist Spekulationen, die er im Folgenden als "bewiesen" betrachtet. Dieses Schema zieht sich ohne Ausnahme durch alle seine Bücher, die dann auf seinen angeblich "bewiesenen Fakten" aufbauen.

Was ist nun tatsächlich die Faktenlage zum Thema Planet Nibiru? Immerhin liefert Sitchin in seinen spannenden Büchern eine Vielzahl an astronomischen Informationen und Interpretationen, die seine Ansichten beweisen sollen und erst einmal sehr beeindrucken. Und was hat das alles mit 2012 zu tun (Sie erinnern sich an die *Google*-Treffer)? Nun, Zecharia Sitchin schreibt in seinem Erstling 1976, dass Nibiru vor bis zu vier Milliarden Jahren in unser Sonnensystem eingedrungen sei. Er soll eine Art "Wanderer" im Universum sein, ein Planet also, der an keine Sonne gebunden ist, was astronomisch nicht ausgeschlossen ist. Dieser Wanderer nun stieß laut Sitchin bei seinem Eintritt in unser Sonnensystem mit einem Planeten zusammen, der hinter Mars und vor Jupiter seine Umlaufbahn zog, und zerstörte diesen dabei. Damit einher gingen angeblich allerlei astronomische Katastrophen. Als trauriger Rest dieser Kollision mit Nibiru blieb nach Sitchins Ideen bis heute der Asteroidengürtel zwischen Mars und Jupiter übrig, eine Region unseres Sonnensystems, in der bis heute rund 400.000 Asteroiden registriert wurden. Sie bewegen sich in einem Abstand von der Sonne, die heutige Astronomen mit zwei bis 3,4 Astronomischen Einheiten (AE) berechnen (eine Astronomische Einheit sind rund 499.000 Lichtsekunden oder rund 149,6 Millionen Kilometer, und die durchschnittliche Erdbahn ist ein AE von der Sonne entfernt).

Lange Zeit suchten die Astronomen in der sich aus der Titius-Bode-Regel ergebenden Lücke zwischen Mars und Jupiter tatsächlich einen weiteren Planeten. Diese Regel, die benannt ist nach den deutschen Astronomen Johann Daniel Titius (1729-1796) und Johann Elert Bode (1747-1826), gibt etwa den mittleren Bahnradius der Planeten um die Sonne an. Doch nach dieser Regel muss auch zwischen Mars und Jupiter ein Planet sein. Diesen galt es zu finden. Am Neujahrstag 1801 war es dann so weit: Der italienische Astronom Giuseppe Piazzi fand den Asteroiden Ceres mit 975 Kilometern Durchmesser, und am 24. August 2006 erhielt Ceres dann sogar die

Klassifikation als “Zwergplanet” durch die Internationale Astronomische Union in Paris. Gleichzeitig wurde übrigens dem weit entfernten eisigen Pluto - der bis zu 50 AE von der Sonne entfernt ist - aus dem Kuipergürtel der Rang eines Planeten abgesprochen, und er wurde zum “Zwergplaneten” mit der Nummer 134340 erklärt (Pluto hat nur bescheidene 2390 Kilometer im Durchmesser; sein größter von drei Monden, Charon, 1207 Kilometer). Ab etwa 1847 wurden die Funde dieser Objekte im Asteroidengürtel derart häufig, dass 1851 die Bezeichnung Asteroiden (Planetoiden) nach einer Idee von Alexander von Humboldt eingeführt wurde. Nicht alles, was sich um die Sonne dreht, ist auch ein echter Planet, war man sich einig. Zum Beispiel entspricht der Durchmesser von Ceres nicht einmal der Entfernung Berlin-Paris.

Dieser in der Grenzwissenschaft viel diskutierte Asteroidengürtel ist aber keineswegs das, was sich die meisten darunter vorstellen. Die Raumregion ist riesig, und die dortigen Asteroiden gruppieren sich in drei Hauptgürteln, in denen sie sich fast zu verlieren scheinen. Science-Fiction-Vorstellungen von vollgestopften Asteroidenfeldern à la Raumschiff Enterprise (Raumschiff Enterprise: Das nächste Jahrhundert, 54. Folge “Die Energiefalle”) treffen hier nicht zu. Das beweisen nicht zuletzt einige Raumsonden der NASA, die problemlos durch den Asteroidengürtel fliegen konnten.

Für die Nibiru-Anhänger nach Sitchin bleibt es jedoch Fakt, dass dort ein Planet vernichtet wurde, der oft auch als Phaeton bezeichnet wird. Bestsellerautor Johannes von Buttlar, der selbst im Kreis der Ancient Astronaut-Anhänger den Ruf eines “Lügenbarons” hat, schrieb über diesen Phaeton 1991 sogar ein ganzes Buch. Darin ist sich der Autor sicher, dass “das Paradies auf Phaethon lag”, der von Außerirdischen bewohnt war.

Sitchin übersieht bei seinen Spekulationen über den vernichteten Planeten zwischen Mars und Jupiter aber eine entscheidende Tatsache: Alle dortigen Asteroiden-Massen zusammengenommen haben eine viel zu geringe Masse für einen Planeten. Zum Beispiel hat unser Erdmond 95 Prozent (!) *mehr* Masse als alle Objekte im Asteroidengürtel zusammen. Der in nächster Nachbarschaft befindliche Riesenplanet Jupiter mit bis zu ca. 143.000 Kilometern Durchmesser und über 60 Monden hätte durch seine gigantische Gravitation auch die Entstehung eines Tiamat/Phaeton verhindert, da sind sich die Astronomen sicher. Der Wasserstoffplanet in rund fünf AE Entfernung hat 250 Prozent mehr Masse als alle anderen Planeten zusammen. Das macht ihn für uns enorm wichtig: Er zieht Kometen und Asteroiden auf sich, die sonst vielleicht die Erde treffen würden. Astronomen glauben sogar, dass ohne Jupiter höheres Leben auf unserer Erde undenkbar wäre, da unser Planet ansonsten alle 100.000 Jahre von kosmischen Bomben vernichtet würde. Trotz alldem ignorieren viele Alien-Freunde den Umstand, dass es wohl keinen Tiamat gab. Auch nicht mit Außerirdischen. Stattdessen ist diese Idee bis heute sehr beliebt. So etwa schrieb ein Leser zu einem kritischen Nibiru-Artikel bei *Focus online* vom 21. Dezember 2007 zum Asteroidengürtel nachdenklich: "*Vielleicht hat es schon mal einen bewohnten Planeten mit intelligenten Lebewesen gegeben. Der Asteroidengürtel zwischen Mars und Jupiter könnte der Überrest eines zerstörten Planeten sein. Wenn dort eine Zivilisation lebte, die ähnlich gewalttätig war wie wir und sich mit ihren eigenen Waffen in die Luft sprengte ... Es wäre interessant, diesen Asteroidengürtel näher untersuchen zu können.*"[55]

Nach Sitchin jedenfalls nahm nach diesem Chaos im Sonnensystem Nibiru seine feste, extrem elliptische Umlaufbahn von 3600 Jahren ein. Sein Orbit führt ihn dabei laut Sitchin weit hinter Pluto in die interstellare

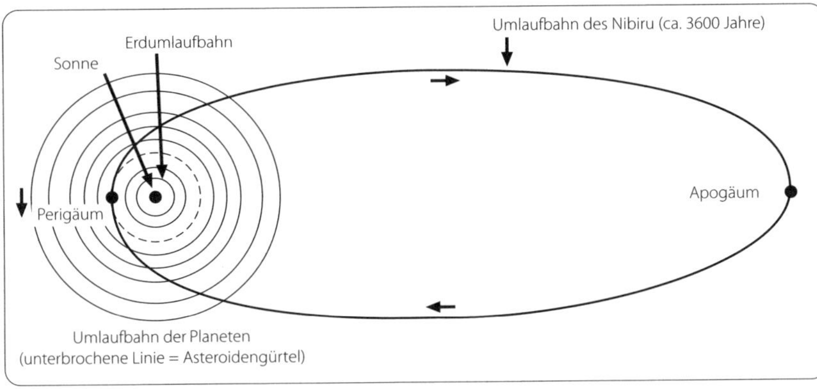

Der extrem elliptische Orbit des hypothetischen Planeten Nibiru nach Z. Sitchin. Eine Erdkollision ist ausgeschlossen! Quelle: Lars A. Fischinger nach Sitchin

Kälte und im inneren Sonnensystem etwa auf die Höhe des Asteroidengürtels. (Diese letzte Aussage Sitchins wird für uns später noch von Interesse sein.) Der exzentrische Orbit des angeblichen Nibiru führt ihn demnach bei seinem Umlauf sehr weit hinter Pluto in den Kuipergürtel hinein, etwa in einem mittleren Abstand von der Sonne von 237,5 AE (dazu gibt es leicht abweichende Angaben). Das heißt, er wäre beim sonnenfernsten Punkt, dem astronomischen Aphel, 234-mal weiter von der Sonne entfernt als unser blauer Planet Erde. Seinen sonnennächsten Punkt, astronomisch Perihel genannt, würde er in 2,85 AE Entfernung von der Sonne erreichen, also in Höhe des oben genannten Asteroidengürtels. Zum Vergleich: Der Zwerg Pluto erreicht sein Perihel in ca. 30 AE; sein weitester Sonnenabstand beträgt etwa 50 AE. Der erst 2005 entdeckte Zwergplanet Eris mit der Nummer 136199 und einem Durchmesser von rund 2400 Kilometern erreicht seinen sonnenfernsten Punkt bei gerundeten 98 AE, und ein Jahr dauert dort 557 Erdenjahre; auch er gehört zum Kuipergürtel. Dieser, die Sonne in 30 bis 50 AE Entfernung umkreisende Gürtel aus zehntausenden Himmelsobjekten, ist ein Rest der Entstehung des Sonnensystems (ähnlich wie der Asteroidengürtel hinter dem Mars). Auch einige andere Sonnen scheinen so etwas besitzen zu können. Etwa 1000 dieser kleinen "Kuiper Belt Objects" (KBO) sind heute bekannt, und diese Region gilt als Wiege der Kometen. Noch weiter im All befindet sich letztlich dann die Oortsche Wolke in einem vermuteten Abstand von 300 bis 100.000 AE um unsere Sonne: ein Gebiet voller Gesteinsbrocken, Staub und Eisobjekten. Diese Wolke reicht damit weit in den interstellaren Raum und soll unser Sonnensystem wie eine Kugelschale umgeben. Dort wird der Ursprung der Kometen mit mehreren tausend Jahren Umlaufzeit vermutet, und auch sie ist ein Rest der Entstehung des Sonnensystems.

Diese astronomischen Grundinformationen sind wichtig bei der Frage nach Nibiru. Der unbekannte Nibiru soll sich weit bis sehr weit hinter dem Kuipergürtel bewegen. Dort ist unsere Sonne nicht der uns bekannte strahlende Stern am Himmel. Würde man schon von Pluto aus in Richtung Sonne blicken, sähe man nur einen kleinen Lichtpunkt unter all den zahllosen anderen Sternen. Ebenfalls schon auf Pluto herrscht nicht nur ewige, eisige Nacht, sondern eine Temperatur von bis zu minus 240°C; auf Nibiru würde genauso entsetzliche Kälte herrschen. Trotzdem soll Nibiru von der Zivilisation der Anunnaki bevölkert sein, eine Zivilisation, die nicht nur Raumfahrt betreibt, sondern schon vor fast einer halben Million Jahren in der Lage war, durch das All zur Erde zu reisen. Das ist interessant. Die ältesten Funde des Homo sapiens - des Menschen - sind grob 160.000 Jahre alt. Gefunden wurden sie in Afrika, das als Wiege der Menschheit gilt. Homo erectus ("aufrechter Mensch") oder vielleicht auch der Homo rhodesiensis, gefunden in Sambia, oder eventuell der berühmte Neandertaler (Homo neanderthalensis) lebten vor einer halben Million Jahren auf der Erde. Und unser Vorfahr, der Cro-Magnon-Mensch, benannt nach seinem Fundort in Südfrankreich (gefunden 1868), ist etwa 36.000 Jahre alt. Als also angeblich die Bewohner des Nibiru schon im Raumschiffen herumflogen, gab es eine Menschheit im eigentlichen Sinne noch nicht.

Wie kann das sein? Sitchin glaubt, dass sich das Leben auf Nibiru und der Erde parallel entwickelte. Auf Nibiru entstand dabei schon vor mindestens einer halben Million Jahren eine technologische Zivilisation, die auch uns heute noch voraus ist. Doch das ist mit Blick auf die astronomischen Tatsachen kaum denkbar. Die Erde bewegt sich in der "habitablen Zone" der Sonne, der sogenannten Ökosphäre. Damit ist ein Umlauf um eine Sonne gemeint, in der u. a. Wasser flüssig bleibt und in der so Leben entstehen kann. Die Erde liegt mitten in dieser Zone unserer Sonne. Selbstverständlich ändert sich eine derartige Ökosphäre bei anderen Sternen im All mit unterschiedlichen Größen und auch Energieabstrahlungen. Beispiel: Am 24. April 2007 wurde im *Scientific American* bekannt gegeben, dass der Stern Gliese 581 in 20,4 Lichtjahren Entfernung einen Planeten in einer "habitablen Zone" zu besitzen scheint. Begeistert nahmen die Medien diese durchweg erstaunliche (aber zu erwartende) Entdeckung auf. *Wissenschaft-online.de* titelte am 24. April 2007 etwa: *"Erster bewohnbarer Exoplanet gefunden."* Der Rote Zwergstern Gliese 581 strahlt 500-mal geringer als unsere Sonne und hat nur ein Drittel ihrer Masse. Dennoch befindet sich der dortige Planet Gliese 581c in einem Orbit, der flüssiges Wasser ermöglichen könnte, was allgemein als Voraussetzung für Leben angesehen wird. Er hat etwa die fünffache Masse der Erde. Aufgrund der Andersartigkeit des Roten Zwerges hat sein besagter Planet dabei einen Orbit, in dem ein Jahr 13 Erdentage dauert und der 14-mal näher an seiner Sonne liegt als unsere Erde.

Schon 2009 jubelten die Astronomen erneut, da eine "Supererde" gefunden wurde, wie *Nature* im Dezember 2009 (462, Nr. 17) berichtete. Sie liegt 42 Lichtjahre entfernt und umrundet in 38 Stunden den roten Zwergstern GJ 1214b - ein Stern mit viel weniger Leuchtkraft als unsere Sonne und mit nur 15 Prozent von deren Masse. Diese gefundene "Supererde" ist 2,7-mal so groß und 6,6-mal schwerer als unsere Erde und soll nach Meldungen des *Harvard-Smithsonian Center for Astrophysics (CFA)* vom 16. Dezember 2009 reichlich Wasser besitzen. Auch wenn es etwa 190 Grad Celsius dort sind, so sorgt mutmaßlich der gewaltige atmosphärische Druck (20000-mal so hoch wie auf der Erde) für flüssiges Wasser.

Heute kennen wir seit der Erstentdeckung eines riesigen Exoplaneten um den Stern 51 Pegasi 1995 bereits über 400 Exoplaneten im Universum. Doch Erde II ist noch nicht gefunden - noch. Nach einer Onlineumfrage Ende 2009 der wichtigen Prä-Astronautik-Organisation Forschungsgesellschaft für Archäologie, Astronautik und SETI (A.A.S.) ist sich die Mehrheit der Teilnehmer (über 30 Prozent) sicher, dass man Erde II im Jahr 2012 finden wird. Und eine Umfrage von *Die Welt* Mitte Januar 2009 ergab, dass nur fünf Prozent (!) *nicht* an außerirdische Wesen glauben: 80 Prozent waren sich sicher, dass es Aliens gibt, 13 Prozent glaubten, dass es unsicher sei, wie weit diese entwickelt sind, nur jene fünf Prozent glaubten, dass es kein außerirdisches Leben gibt, und zwei Prozent sagten, "das Thema lässt mich kalt". Ein erstaunliches Ergebnis.

Damit zurück zu Nibiru: Dieser fiktive Planet liegt bei seiner angenommenen Umlaufbahn um unsere Sonne also so gut wie *immer* außerhalb der "habitablen Zone". Mehr noch, er zieht seine Bahn vor allem in ewiger Kälte und Dunkelheit. Und vielleicht wären aufgrund seiner Größe und damit Anziehungskraft Einschläge von Asteroiden und Kometen an den Grenzen unseres Sonnensystems keine Seltenheit. - Doch das ist alles kein Problem für die Anhänger der Nibiru-These.

Sie glauben, dass zum Beispiel Vulkane mit ihren Gasen für einen Treibhauseffekt auf Nibiru sorgen sowie dass die Bewohner des Planeten zur Erde kamen, um Gold zu schürfen, um damit ihre Atmosphäre zu schützen.

Ich mache mir nichts vor, Leben könnte auch anderswo im Sonnensystem existieren. Es gibt da eine Handvoll spannender Kandidaten: vielleicht auf dem 3122 Kilometer großen Jupitermond Europa. Fotos von Raumsonden wie *Galileo* und *Voyager II* zeigen einen vereisten "Schneeball" mit einer offensichtlich jungen und aktiven Eiskruste. Diese könnte bis zu 15 Kilometer stark sein, und darunter könnte sich ein 90 Kilometer tiefer Ozean aus flüssigem Wasser befinden. Die gewaltigen Gezeitenkräfte des Riesen Jupiter, die den Mond Europa "durchkneten", könnten in Verbindung mit Vulkanen unter dem Eispanzer dafür sorgen. Auch Titan, ein 5150 Kilometer großer Mond des Saturns, könnte Leben besitzen. Erst Ende November 2009 gab das Wissenschaftsmagazin *The Astrophysical Journal Letters* (Ausgabe Dezember 2009) bekannt, dass es dort in den überwiegend aus Methan und Ethan bestehenden Seen Nahrung für Mikroorganismen geben kann. Das glauben zumindest Wissenschaftler um Daniel Cordier von der Ecole Nationale Supérieure de Chimie in Rennes nach Auswertung der Daten der Raumsonde *Cassini* und des Landemoduls *Huygens*. Mutmaßliches Leben dort oder auch auf dem Mars wäre jedoch ausgesprochen primitiv. Leben, vor allem und gerade hohe Lebensformen bis hin zu Intelligenzen, benötigt eine stabile Umgebung des Planeten. Sauerstoff, Wärme, Sonne, Energie, ein stabiler Orbit, wenig katastrophale Einschläge von Kometen und so weiter sowie Zeit sind nötig.

Nibiru kam laut Sitchin vor vier Milliarden Jahren in unser Sonnensystem, zerstörte den Tiamat und schuf Mond und Erde. (Auch wenn er in seinem ersten Buch schreibt, der Mond sei 3,2 Milliarden

Jahre alt, so bleiben wir bei den vier Milliarden Jahren.) Nach der Zerstörung und dem Chaos im Sonnensystem nahm Nibiru seinen Platz in seinem 3600-Jahre-Orbit ein. Bis heute. Eben in unserer Zeit käme er wieder in das innere Sonnensystem und eben auch nahe an die Erde heran. – Bei solchen Aussagen schlagen Astronomen die Hände über dem Kopf zusammen: Während eines Nibiru-Jahres würde Nibiru (mindestens) die Bahnen von Jupiter, Saturn, Uranus, Neptun und Pluto zweimal kreuzen (Hin- und Rückweg). Dass es hier zu keinen gravitativen Wechselwirkungen mit den anderen Planeten kommt, ist kaum denkbar. Nibiru wäre demnach sicher längst mit einem anderen Planeten kollidiert oder aus dem Sonnensystem geschleudert worden. Nun eine einfache Rechnung: 4.000.000.000 Jahre : 3600 Jahre (Nibiru-Umlauf) = 1.111.111 Nibiru-Umläufe durch unser System um die Sonne. (Darum wird laut Sitchin der zwölfte Planet von den alten Kulturen auch "Planet des Durchquerens" genannt.) Das Ganze nehmen wir nun natürlich mal 2, da Nibiru ja auch wieder zurück in seinen Orbit hinter Pluto reist, und das ergibt 2.222.222. Das heißt im Klartext, dass Nibiru bereits über zwei Millionen Mal die Bahnen der anderen Planeten gekreuzt haben müsste – ohne irgendwelche Auswirkungen auf unser Sonnensystem gehabt zu haben. Weiter bedeutet dies, dass Nibiru bereits über eine Million Mal seit seiner Ankunft in unserem System zur Erde gekommen sein müsste. Problemlos ... Nun die alles entscheidende Frage: Wie kann es dann sein, dass Nibiru in seiner exzentrischen, lebensfeindlichen Umlaufbahn schon vor einer halben Million Jahren eine raumfahrende Kultur entwickelte? In einem Orbit, der alles andere als stabile Bedingungen für Leben auf diesem Planeten ermöglicht ... Die aufgrund der vorliegenden Fakten über unsere Position und Ähnliches im Sonnensystem für eine solche Entwicklung weitaus besser geeignete Erde und die Menschheit schaffte das jedoch nicht. Ist das realistisch?

Doch ignorieren wir die Fakten einmal. Wie steht es nun wirklich mit der Wiederkehr von Nibiru im Jahr 2012? Denn das ist das zentrale Thema der entsprechenden unzähligen Webseiten und Foren. Zu Anfang bemängelte ich, dass die 2012-Freunde und Millionen von Nibiru-Überzeugten offensichtlich von Unwissen gezeichnet sind, mehr noch, dass sie die Quellen der These um den zwölften Planeten nicht kennen, nicht verstanden oder zumindest nicht sorgsam gelesen haben. Die Quelle ist natürlich Zecharia Sitchin und ist über 30 Jahre alt. Nun, diesen scharfen Vorwurf will ich natürlich belegen.

Sitchin nimmt - wie ich selbst und alle Vertreter der Prä-Astronautik, der "Raumfahrt im Altertum" - an, dass Außerirdische vor Jahrtausenden auf die Erde kamen. Anders als alle anderen Autoren nennt er jedoch konkrete Daten, etwa für die erste Ankunft der Anunnaki auf der Erde eine Epoche vor 445.000 Jahren. In seinem Buch *The Twelfth Planet* beweist Sitchin durchaus Mut bei seinen Thesen. Er behauptet, dass Nibiru alle 3600 Jahre in Erdnähe war und wir Besuch von ihm bekamen oder dass die Erdnähe von Nibiru hier auf Erden Katastrophen auslöste, so zum Beispiel die legendäre Sintflut. Sie ist für Sitchin eine Springflut gewesen - ausgelöst durch Nibiru -, die sich vor 13.000 Jahren (genauere Annahme: 10.860 vor Christus) ereignete. Sitchin ist in seinem Erstling ferner überzeugt davon, dass bei der Ankunft des fremden Planeten und seiner Bewohner alle 3600 Jahre etwas Epochales geschehen ist. Sitchin: "*Es ist also keineswegs unwahrscheinlich, dass die Nefilim* (= Anunnaki, Anm. d. Autors) *den Fortschritt der Menschheit periodisch begutachteten (und weiter förderten), da sie sich jedes Mal, wenn sich der zwölfte Planet der Erde nährte, damit befassen konnten.*"[56] Nach Sitchin wäre das: ca. 11.000 vor Christus die Sintflut und danach der Beginn der Kultur (Ackerbau), ca. 7400 vor Christus die "Phase der Töpferei" und ca. 3800 vor Christus der Beginn der ersten Zivilisationen der Welt (Sumerer). "*Die periodische*

Erdannäherung des zwölften Planeten steckt hinter den drei entscheidenden Phasen der nachsintflutlichen Zivilisation des Menschen", ist sich Sitchin sicher.

Ob hier nun eine Milchmädchenrechnung vorliegt oder nicht, soll uns nicht weiter interessieren. Doch uns interessiert 2012. Spielen wir also die einfache Rechnung von Sitchin mit dem Zyklus von 3600 Jahren durch, schließlich wird der Planet nicht plötzlich irgendwo hinter dem Kuipergürtel stehen bleiben. Das wäre dann: 3800 vor Christus + 3600 Jahre Nibiru-Zyklus = 200 vor Christus. Erneut plus 3600 Jahre Nibiru-Zyklus = *3400 nach Christus*! – Allerhand!? Ja, um nicht zu sagen: *erstaunlich*. Laut dem Buch, in dem die These zu Nibiru 1976 geboren wurde, kommt Nibiru erst in weit über 1000 Jahren wieder zur Erde. Auch wenn alle Angaben von Sitchin nur ungefähre sind und er sie später noch verfeinerte (siehe unten) ... von einer nahenden Ankunft des Planeten kann keine Rede sein.

Doch wir wollen uns nicht auf ein über 30 Jahre altes Buch als Quelle verlassen. Auch Sitchin hat, wie jeder Autor, das Recht, seine Ideen und Thesen zu erweitern, zu revidieren und einem Update zu unterziehen. Er legte so zahlreiche weitere spannende Quellen vor. Doch auch in seinen zum Teil wesentlich später erschienenen Büchern vertritt Sitchin die Meinung, dass Nibiru etwa alle 3600 Jahre kam und kommen wird und dass ein solcher "Besuch" mit dem Beginn der sumerischen Zivilisation im Südirak zusammenfallen müsse. 1998 etwa schrieb der Bestsellerautor: "*Mit Enlils* (ein Gott, Anm. d. Autors) *Zustimmung verhalfen die Anunnaki dem Menschen zu kulturellem und technologischem Wachstum und Fortschritt, und zwar in Intervallen von 3600 Jahren (wenn sich Nibiru in seiner Umlaufbahn der Erde näherte). Der ganze Prozess kulminierte in der großen sumerischen Zivilisation."*[57] Und auch 1993 ist sich der Autor in seinem Buch *When Time Began* (dt. *Das erste Zeitalter*, 1994) sicher, dass das Ende der Eiszeit und die

Sintflut 11.000 vor Christus durch den Nibiru in Erdnähe und dessen Wechselwirkung mit unserem Planeten ausgelöst wurden.

Bereits 1990 nahm sich Sitchin in *The Lost Realms* (dt. *Versunkene Reiche*, 1992) dann auch das Reich der Maya und Inka vor. Seiner Überzeugung nach kamen einige außerirdische Anunnaki im Jahre 3113 vor Christus in Amerika an; das war das Jahr des Long Count und der Anfang des Maya-Kalenders nach Sitchin: "*Nachdem Marduk/Ra* (babylonischer bzw. ägyptischer Gott, Anm. d. Autors) *im zivilisierten Sumer ausgespielt hatte, ging er nach Ägypten, riss dort die Herrschaft an sich und zivilisierte das Land. Sein Bruder Thoth* (ägyptischer Gott, Anm. d. Autors)*, der bis dahin in diesem Land geherrscht hatte, sah sich nun als ein Gott ohne Volk. Meiner Ansicht nach wählte er, begleitet von einigen treuen Anhängern, als Sitz die neuen Gebiete in Mesoamerika.*"[58] In seinem Maya-Buch spekuliert Sitchin damit zwar, dass die Ankunft der Außerirdischen aus der alten Welt in Amerika den Grundstock der Maya und Anden-Kulturen legte, doch das war es. Denn trotz der Tatsache, dass er natürlich auch den Maya-Kalender diskutiert, ist zu 2012 nichts zu finden.

Dennoch: Ein Buch von Sitchin existiert, das die Jahreszahl 2012 enthält, es ist das 2007 erschienene Buch *The End of Days* (dt. *Apokalypse*, 2007), in dem es auch um "die Prophezeiungen von der Wiederkunft" geht. Denn, so der Autor, in den drei Jahrzehnten nach dem Erscheinen seines ersten Bestsellers hätten ihm unzählige Leser die entscheidende Frage nach der Rückkehr der außerirdischen Anunnaki und des Nibiru gestellt. – Doch ich muss wieder Entwarnung geben. Das Jahr 2012 kommt im gesamten Buch nur *zwei Mal* vor (plus einmal im Vorwort), und die meiste Zeit befasst sich Sitchin mit seinen Anunnaki des Altertums. Sitchin vermutet auch, dass der sumerische Gott An, der Herrscher des Nibiru, 4000 vor Christus auf der Erde war, und grob um diese Zeit oder 3800 vor Christus befand sich auch der zwölfte Planet in Erdnähe. Folgerichtig sind seine Berechnungen nach 30 Jahren grundsätzlich unverändert. Trotzdem geht der Autor umfassend auf Nibiru und auch auf seine Wiederkunft ein. Er ist sich nach zahlreichen Berechnungen auch sicher, "*dass die Anunnaki-Götter zwischen spätestens 610 v. Chr. bis etwa 560 v. Chr. nach und nach die Erde verließen*". Genauso ist Sitchin in seinen Büchern davon überzeugt, dass der Mars eine Zwischenstation oder Basis der Anunnaki war. Dabei beruft er sich auf das legendäre "Marsgesicht" und die "Pyramiden" in der Cydonia-Region der nördlichen Hemisphäre des Mars. Diese Region ist in der Grenzwissenschaft spätestens seit dem umfangreichen Buch *The Monuments of Mars* von 1987/1992 (dt. *Die Mars-Connection*, 1994) von Richard C. Hoagland weltberühmt. Dort wurden am 25. Juli 1976 vom Orbiter der erfolgreichen NASA-Mars-Mission *Viking I* mutmaßlich künstliche Bauten gefunden. Fotos der Mission *Mars Gobal Surveyor* von 2001 in besserer Auflösung zeigen jedoch, dass es sich leider um natürliche Strukturen handelt. Was Verschwörungstheoretiker allerdings nicht davon abhält, weiter von künstlichen Marsbauwerken zu sprechen. "*Der Mars konnte tatsächlich als Zwischenstation der Anunnaki gedient haben und tat es auch*", meint zum Beispiel Sitchin in *The End of Days*. Das soll uns an dieser Stelle jedoch nicht weiter interessieren. Interessant ist vielleicht noch, dass die Esoteriker, Alternativmediziner und Verschwörungstheoretiker Leniel Angelika und Jophiel Wolfgang meinen, dass die Marsmonde nicht nur hohl sind, sondern das Marsgesicht das Grab von "Alalu" ist. Er war angeblich der neunte Nibiru-König und der Mars ein Raumflughafen der Außerirdischen. Die NASA vertuscht dabei natürlich alles, mutmaßt man.

Sitchin indes - und das haben die Nibiru-Anhänger im Internet alle übersehen! - ist auch 2007 aufgrund seiner Berechnungen überzeugt davon, dass Nibiru um 11.000 vor Christus die Flut auslöste und auch um das Jahr 560 vor Christus in Erdnähe war. Abweichungen in seinen Berechnungen erklärt er damit, dass Nibiru bei seinem Lauf um die Sonne durchaus durch die Gravitation anderer Himmelskörper in seiner Bahn gestört worden sein kann. Der Umlauf des unbekannten Planeten von 3600 Jahren sei "*immer ein mathematischer Mittelwert*", so Sitchin. Weiter spekuliert er, dass Nibiru vielleicht sogar bei seinem Umlauf mit dem Uranus zusammengestoßen sein könnte. Da Uranus "*buchstäblich auf der Seite liegt*", gab "*etwas*" dem Planeten seiner Meinung nach einst einen heftigen Stoß. Der Planet rollte praktisch über seine Umlaufbahn. Ein Beleg könnte auch sein, dass die Raumsonde *Voyager II* der NASA 1986 rätselhafte Narben auf dem etwa 472 Kilometer kleinen Uranus-Mond Miranda entdeckte. Sitchin folgert: "*Könnte eine kosmische Kollision mit dem passierenden Nibiru und seinen Monden seine Narben und die Kippstellung des Uranus verursacht haben?*"[59]

Das ist genau das, was ich weiter oben schon zur Sprache gebracht habe: dass Nibiru in seinem Orbit in vier Milliarden Jahren sehr wahrscheinlich mit anderen Planeten in Wechselwirkung gestanden haben müsste. Und tatsächlich glauben Astronomen heute, dass der Uranus-Mond Miranda in unbekannter Zeit einmal von einem kosmischen Objekt zertrümmert wurde. Die These, dass die Gezeitenwirkungen des Uranus den Mond zerstörten, erscheint den Astronomen dagegen weniger wahrscheinlich; diese Kräfte bewirken bei Jupiter, dass sein Mond Europa flüssiges Wasser besitzen könnte. Daneben ist die seltsame Neigung der Achse des etwa 50.000 Kilometer riesigen Uranus interessant. Sie neigt sich um 97,77 Grad und weist in Richtung der Sonne. Warum das so ist, wissen die Astronomen tatsächlich nicht. Es könnte seine Ursache darin haben, dass bei der Entstehung des Sonnensystems ein Protoplanet mit Uranus kollidierte. Solche Protoplaneten gab es viele, es sind die Vorläufer echter Planeten, und man geht davon aus, dass es einst 50 solcher Exemplare in unserem Sonnensystem gab. Einer davon mit Namen Theia, der so groß wie der Mars ist, soll nach der gängigen und allgemein anerkannten These mit der frühen Protoerde zusammengestoßen sein und so den Mond geschaffen haben. Was aber nicht bewiesen ist. Die sogenannte "Einfang-These" von 1909, also dass der Mond, wie auch Sitchin behauptet, von der Erde eingefangen wurde, wird dagegen meist abgelehnt.

Sitchin nun spekuliert, dass es wohl zu einem Crash mit Uranus kam. Ja, dass vielleicht sogar Miranda ein ehemaliger Mond des Nibiru ist. Das hätte den Umlauf des Nibiru auf rund 3450 Jahre verkürzt, und der Autor stellt daraufhin fest: "*Wenn es das ist, was geschah, würde es das 'frühe' Erscheinen Nibirus 556 v. Chr. erklären - und darauf schließen lassen,* ***dass mit seiner Wiederkunft um das Jahr 2900 n. Chr. zu rechnen ist*** (Hervorhebung d. Autors)."[60] - Die Rechnung ist einfach. Nibirus Umlauf änderte sich vor einigen Jahrtausenden auf 3450 Jahre +/- einige Jahre. 4000 vor Christus war er hier. Also: 4000 vor Christus + 3450 Jahre neuer Nibiru-Zyklus = 550 vor Christus. Erneut 3450 Jahre addiert ergibt das Jahr 2900 - oder noch genauer, da Sitchin von 556 vor Christus spricht, 2894 nach Christus. Im Klartext: Nibiru kommt *nicht* 2012 zurück; nicht annährend zu dieser Zeit! Doch 99,99 Prozent der 2012-Nibiru-Freunde im Internet scheinen das niemals zur Kenntnis genommen zu haben, sondern sie spekulieren lediglich anhand mehr als fragwürdiger Internet-Gerüchte und -Aussagen. Ich habe jedoch bereits 1995 (!) in einem Artikel über Kornkreise und Nibiru auf dessen "sonnennächsten Punkt im Jahr 2800" hingewiesen.

Bei meinen Recherchen fand ich allerdings tatsächlich einen 2012-Freund, der Sitchin verstanden hat. Auf *joe-boehe.de*, wo ansonsten nur fragwürdige "Botschaften" für den Aufstieg in die fünfte Dimension zu finden sind, heißt es deutlich: "*Nibiru wird also nach den neuesten Erkenntnissen zu seiner Umlaufzeit nicht mehr alle 3600, sondern alle 3450 Jahre erscheinen. Wenn das so ist, dann **kommt er etwa 2895 wieder in unsere Nähe.***"[61]

Um die wesentlichen Punkte noch einmal zusammenzufassen: Die Kollision unserer Erde mit Nibiru im Jahr 2012 ist damit vom Tisch. Auch hier kam es nur deshalb zu einer Verknüpfung, weil die Verschwörungstheoretiker nicht die Quellen studiert hatten. Sitchin belegt in allen seinen Büchern, dass die größte Sonnenannäherung des Nibiru etwa im Bereich des Asteroidengürtels *hinter* dem Mars liegt. Zu weit entfernt für einen Zusammenstoß, oder? Trotzdem ist sich Sitchin sicher, dass die Gravitation von Nibiru vor 13000 Jahren die Sintflut auslöste. Ich weiß nicht, wie groß der Planet ist. Es heißt einmal, er sei doppelt so groß wie die Erde, und dann wieder, er sei 30-mal so groß. Nichts Genaues weiß man nicht. Auch haben sich nach Sitchins Theorien offenbar die Bahndaten des zwölften Planeten geändert. Wesentlich ist jedoch, dass es bei seiner Ankunft 556 vor Christus zu keinen Katastrophen kam. Also: Entwarnung auf ganzer Linie. Doch das hinderte Verschwörungstheoretiker leider nicht daran, im Internet Panik zu verbreiten, beispielsweise auf einer einschlägigen Planet-X-Seite: "*Wie nun durch einen anonymen Mitarbeiter des Ministeriums für Zivilschutz bekannt wurde, hat auch Schweden damit begonnen, die Bunkeranlagen aus der Zeit des Kalten Krieges zu reaktivieren, um einen Teil der Zivilbevölkerung bei den mit Nibiru in Zusammenhang stehenden Naturkatastrophen zu schützen. Damit hat nun auch Schweden nach Norwegen als zweites Land damit begonnen, etwas gegen die Bedrohung der Erde durch den braunen Zwerg, auch Planet X oder Nibiru genannt, zu unternehmen. Bleibt nur zu hoffen, dass nun endlich auch andere Länder dem Beispiel folgen werden."*[62]

Auch die NASA reagierte inzwischen auf den Mythos um Nibiru, etwa am 6. November 2009 anlässlich der Panik rund um Roland Emmerichs Film *2012*. Die NASA zur Kollision mit Nibiru: "*Diese Katastrophe wurde zuerst für Mai 2003 vorausgesagt, aber, als nichts geschah, wurde der Tag des Jüngsten Gerichts vorwärts auf Dezember 2012 verschoben."*[63] Das stimmt. Zweifelhafte Webseiten wie *Zetatalk.com* haben das für 2003 in der Tat verbreitet. Dies ist im Übrigen eine Webseite, auf der Nancy Lieder Botschaften von angeblich mit ihr in Kontakt stehenden Aliens verbreitet, um uns auf einen Polsprung 2012 vorzubereiten. Natürlich gibt sie dort auch Tipps, wie man diese Vernichtung am besten überleben kann. Der Autor Armin Risi weist in seinem kritischen Nibiru-Artikel *Kommt Planet X?* nach einer Analyse der "*Fehlermeldungen und astronomischen Absurditäten von Zetatalk*" darauf hin, dass Nancy Lieder schon "*ähnliches Zeug 1995 über Hale-Bopp gesagt*" hat. Dies war ein Komet, der wunderbar von der Erde aus zu sehen war und von dem eine UFO-Sekte sogar glaubte, dass ein UFO mit dem Kometen komme. Ergebnis: Die Sektenmitglieder von *Heavens Gate* in den USA brachten sich alle um, eine Tragödie, die Roland M. Horn und ich 1999 in dem Buch *UFO-Sekten* umfassend diskutierten. Diese Menschen glaubten, in dem UFO hinter dem Kometen wiedergeboren zu werden ... Doch interessant ist, dass schon 1995 im Zusammenhang mit dem Kometen auch die Wiederkehr von Nibiru verbreitet wurde.

Mein Kollege Armin Risi verweist aber auch auf das Buch *Blindsided - Planet X passes in 2003* von Mark Hazlewood. Im Frühling 2003 würde Nibiru für Vernichtungen auf der Erde sorgen, heißt es darin. Armin Risi zitierte den Autor von seiner Webseite: "*Eine Gruppe Wissenschaftler traf sich im Jahr 2000 zu mehreren Treffen, um das Kommen dieses Planeten, der von ihren größten Observatorien entdeckt wurde, zu diskutieren.*"[64] Diese Aussagen kommen uns doch irgendwie bekannt vor ... Hazlewood ist dennoch weiter davon überzeugt, dass sich Nibiru auf Erdkurs befindet. Der Autor ist ein Verschwörungstheoretiker erster Güte, der in zwei Planet-X-Büchern einen Rundumschlag gegen die Mächtigen der Welt austeilt: Alles sei eine Verschwörung der "*Finanzgewaltigen und deren Marionetten*" unter Führung der USA. Wir seien eine durch Lügen und Geheimhaltung in Sachen Nibiru "*eingelullte Öffentlichkeit*". Und Menschen, die zu viel wissen und darüber sprechen, ist sich der Autor sicher, werden ermordet. Seine beiden schwer erhältlichen Bücher *Planet X auf Erdkurs* (Band I & II, 2006 und 2007) werden dann auch sensationell beworben: "*An der Existenz des zehnten Planeten und seiner Flugbahn, die durch unser Sonnensystem führt, ist nicht zu zweifeln, ebenso wenig an möglicherweise weltweiten Erdkatastrophen, sogenannten Kataklysmen, hervorgerufen durch die elektromagnetischen Wirkungen und Wechselwirkungen bei seinem Vorbeiflug.*"[65]

Als 2003 Nibiru jedoch nicht kam, behaupteten die Zetatalker einfach, die Prophezeiung sei ein Witz der Aliens von Zeta Reticuli gewesen. Ein Witz der Aliens? Allerhand! In diesem 39,5 Lichtjahre entfernten Doppelsternsystem leben demnach gewitzte Außerirdische, die Nancy Lieder die Weisheiten über 2012 und Nibiru medial senden (channeln genannt). Nun ist die Ankunft des Nibiru, wie bei Hazlewood, wieder einmal verschoben worden.

Der oben zitierte NASA-Bericht sagt aber auch angeblich – so die zahlreichen Medien, die diese Meldung zitierten –, dass ein Zwergplanet durch unser Sonnensystem "treibt". Das lässt im ersten Moment trotzdem Platz für Panik, denkt man. Doch auch das ist so nicht ganz richtig, denn auf der NASA-Webseite steht: *"Eris ist ein Zwergplanet, ähnlich dem Pluto, der nie das äußere Sonnensystem verlassen wird; die größte Annäherung an die Erde beträgt etwa 6,4 Milliarden Kilometer."*[66] Im Klartext: *Alle* anderen Planeten sind der Erde wesentlich näher! Eris oder Nibiru sind keine Gefahr für uns. *"Und es gäbe keine Anzeichen dafür, dass sich das in naher Zukunft ändern werde"*, wie es *Der Tagesspiegel* am 11. November 2009 treffend zusammenfasste.

Die NASA schickt im Übrigen auch seit Jahrzehnten Raumsonden in das All. Einige davon bewegen sich inzwischen in den äußeren Gebieten unseres Sonnensystems. Doch auch sie werden nicht von der Gravitation des mutmaßlichen Planeten X gestört. Prägnant fasste *Focus online* diesen Umstand schon 2007 zusammen: *"Doch der mysteriöse Planet X wurde bis heute nicht entdeckt - vielleicht, weil es ihn nicht gibt. Darauf deuten die Bahndaten der beiden Voyager-Sonden hin, die vor 30 Jahren starteten. Der NASA-Forscher Miles Standish untersuchte, welchen Gravitationskräften die Zwillingssonden auf ihrer Reise ausgesetzt waren. Den Einfluss eines zehnten Planeten konnte er nicht finden, obwohl beide Sonden derzeit am Rand des Sonnensystems fliegen und deshalb dessen Schwerkraft besonders stark spüren sollten. Bahnanalysen der beiden Sonden Pioneer 10 und 11 kamen zum gleichen Resultat. Auch verfeinerte astronomische Beobachtungsmethoden zeigen, dass die Bahnstörungen der großen Planeten geringer sind als ursprünglich gedacht."*[67]

Neben dem ganzen Hype um Nibiru vergessen die Märchenerzähler im Web jedoch auch die Anunnaki nicht, die ebenfalls ein Eigenleben abseits von Sitchins Thesen entwickelt haben. Gerne werden sie als Riesen bezeichnet, und gefälschte Fotos von Riesenskeletten, die zum

Beispiel von der Computerkünstlerplattform *worth1000.com* stammen, kursieren als "echt" im Web. Die Seite *Raumbrueder.de* etwa entwirft eine vollkommen neue Weltgeschichte und phantasiert über die Anunnaki: "*Sie sind eine humanoide Art (Mensch-Reptil-Hybriden) mit unterschiedlichem Aussehen. Sie sehen uns Erdenmenschen teilweise sehr ähnlich. Haarfarbe: blond bis schwarz, auch rot. Größe der Männer: 2 m - 2,20 m; Frauen: 1,80 m - 2,20 m. Sie kommen aus dem Aldebaran-System im Sternbild Stier. Ihre Nachfahren sind in den Plejaden angesiedelt.*"[68]

Und auch auf dieser umfangreichen Seite findet Zecharia Sitchin mit keinem Wort Erwähnung, der solche Aussagen wie oben niemals von sich gab. Die uns inzwischen bekannten Esoteriker Leniel Angelika und Jophiel Wolfgang von *teleboom.de* teilen solche abstrusen Ideen jedoch. Für die beiden "Lichtarbeiter" sind die Anunnaki Reptilienwesen, natürlich Mitglieder der "Galaktischen Föderation des Lichts" und wohnen auf einem *künstlichen* Planeten.

All die astronomischen Fakten hindern die Verschwörungstheoretiker nicht daran zu behaupten, Nibiru komme und die NASA wisse das genau. Deshalb verbreiten auch Seiten wie *Zetatalk.com* "Beweisfotos". Diese sollen den zehnten Planeten nahe der Sonne zeigen - zeigen aber in Wahrheit nichts dergleichen. Auch muss man sich ernsthaft fragen: Wenn es diese weltweite Nibiru-Verschwörung der NASA, der Regierungen, der Wissenschaft und meinetwegen auch der Illuminaten & Co. gibt - wie kann es dann sein, dass Fotos vom Nibiru dennoch auf der *offiziellen* NASA-Webseite landen?! Auch wenn Aufnahmen von *SOHO* mit Planet X später wieder entfernt worden sein sollen ...

Andere nun denken, Nibiru sei hinter der Sonne versteckt, weshalb wir ihn nicht sehen können. In ähnlicher Weise spekulierte auch *fgk.org* am 10. Januar 2010 in ihrem Blog. - Doch auch das ist unglaubhaft. Nibiru müsste sich, um immer hinter der Sonne zu sein, innerhalb der Umlaufbahn der Erde befinden, wie die Venus und der Merkur. Ohne Gravitationsstörungen zu verursachen? Selbstverständlich – wenn er nicht hinter der Sonne ist – müsste er auch lange mit bloßem Auge zu sehen sein. Das bestätigt auch die NASA am 6. November 2009 in ihrer Stellungnahme *2012: Beginning of the End or Why the World Won't End?* Laut Sitchin kommt Nibiru nicht in diesen Bereich des Sonnensystems.

Der weiter oben erwähnte Dieter Broers geht in seinem Buch sogar so weit zu behaupten, er habe den Planeten auf Aufnahmen der NASA selbst entdeckt. Diese Bilder des am 2. Dezember 1995 gestarteten Satellitenobservatoriums *SOHO* sind aber angeblich inzwischen von der NASA wieder aus dem Netz genommen worden – eben weil die NASA Teil der Verschwörung sei. Broers: "*Sofort begann ich zu überlegen, was der Grund für die Löschung gewesen sein mochte. Oder waren die Bilder gar nicht gelöscht worden, sondern nur noch auf Computern der NASA zugänglich? Sollte hier etwas vertuscht werden? War irgendjemand in der Forschungsabteilung der NASA der Meinung, diese Bilder seien zu riskant, um sie länger der Öffentlichkeit zu präsentieren?*"[69] Broers mutmaßt nun also, Nibiru gesehen zu haben, von dem die Sumerer angeblich sagten, "*er werde im Jahr 2003 in unser Sonnensystem eintreten*" – was, wie wir nun wissen, nicht stimmt (Broers hat auch kein Sitchin-Buch im Quellenverzeichnis, kennt also offenbar dessen Arbeit eher weniger). Trotzdem könnte, so Broers, dieses Objekt, das vielleicht Nibiru ist, für Chaos auf der Sonne sorgen. Unnötig zu erwähnen, dass der Planet laut Sitchin im Asteroidengürtel seinen geringsten Abstand zur Sonne einnehmen würde.

Die *Raumbrueder.de* teilen solche Ideen. Nach deren Meinung sind auch Mars, Aldebaran, Zeta Reticuli und Jupiter bewohnt, Überlebende des zerstörten Planeten zwischen Mars und Jupiter gründeten Atlantis auf der Erde und der Mond hat eine Atmosphäre. Zu Nibirus baldiger Rückkehr wissen die Betreiber der Webseite: "*Der Vatikan, große Teile der Wissenschaft, alle wissen davon. Sie halten schön still und sind ruhig und hoffen dafür auf ihre versprochene Fahrkarte zum Überleben - tief unten in den Schächten der Erde, die extra für 'die Elite' und für 'den Zeitpunkt' gebaut wurden.*"[70] Leider lassen sich viele davon überzeugen, so spekuliert im Internet-Gästebuch der Raumbrüder ein "André", dass Nibiru vielleicht in Wahrheit ein "*eigenes kleines Sonnensystem*" sein könnte. Dieses könnte 2012 zu uns kommen und Katastrophen und Fluten bringen. Und natürlich wissen und verheimlichen die Mächtigen wieder alles. Denn einig sind sich alle: Es *muss* eine Nibiru-Verschwörung der Weltführer geben. Vielleicht haben auch die legendären Illuminaten ihre Finger im Spiel. - Frage: Warum sollten sie?

Fakt ist doch: Jeder einfache Amateurastronom - und davon gibt es weltweit Millionen - hätte Nibiru schon gefunden. Täglich entdecken die emsigen Sternengucker vergleichsweise winzige Asteroiden - aber sie übersehen einen Riesenplaneten, der bald hier ist? Halten alle "dicht", sind alle Teil der globalen Vertuschung? Unwahrscheinlich.

Doch solche Argumente prallen an den Verschwörungstheoretikern ab, denn, so das Gerücht, die NASA hat Nibiru bereits 1983 durch den Infrarotsatelliten *IRAS* (Infrared Astronomical Satellite) entdeckt. *IRAS* startete am 25. Januar 1983 und war ein Wendepunkt in der Infrarotastronomie. "*Geheimnisvoller Himmelskörper entdeckt*", titelte zum Beispiel die *Washington Post* am 30. Dezember 1983 auf der Titelseite. Und weiter: "*Ein Himmelskörper, möglicherweise so groß wir der Riesenplanet Jupiter und möglicherweise so nahe an der Erde, dass er Teil dieses Sonnensystems sein würde, wurde in Richtung des Sternbildes Orion durch ein Teleskop des US-Infrarotsatelliten gefunden.*"[71] Dieses Objekt soll Nibiru gewesen sein "*und wird seitdem von der NASA und dem Establishment totgeschwiegen bzw. geheim gehalten, um auf der Erde eine unvorstellbare Massenpanik zu vermeiden",*[72] heißt es bei Verschwörungsfans. Doch selbst Zecharia Sitchin ist sich sicher, dass *IRAS* seinen Nibiru gefunden hat. Wie er in seinem Buch *Genesis Revisited* 1990 (dt. *Am Anfang war der Fortschritt*, 1991) berichtet, schlug er der Planetarischen Gesellschaft in Kalifornien am 31. Januar 1983 vor, den neuen Planeten Nibiru oder Marduk zu nennen. *"Ich glaube, ich bin berechtigt, darauf zu bestehen, dass er so genannt wird"*, so Sitchin in seinem Schreiben.

Ist das so? IRAS hat rund 350.000 Himmelsobjekte erkundet, bevor die Mission schon am 23. November 1983 beendet war. Bei der Vielzahl der Entdeckungen durch diese erfolgreiche Mission dauerte es etwas, bis alle Daten ausgewertet waren. Und so stellte sich sehr bald heraus, dass der vermeintliche neue Planet nur eine ferne Galaxie war. Diese Fakten wurden bereits im Mai 1984 (!) von zwei Astronomen in ihrem Artikel *Optical counterparts of unidentified IRAS point sources Infrared luminous galaxies* in der renommierten Wissenschaftszeitschrift *Nature* veröffentlicht. Zur Kenntnis genommen hat das wohl niemand, stattdessen wird der voreilige Artikel der *Washington Post* bis heute von den Verschwörungstheoretikern stolz hochgehalten. Zum Beispiel auf der Webseite *nibiruplanetx.npage.de* und in deren Forum, wo es von Spekulationen rund um Nibiru und 2012 nur so wimmelt.

Das verwundert auch nicht. Nibiru wird heute von den Anhängern unlängst auch als "Planet X" bezeichnet. Das sei angeblich die "wissenschaftliche Bezeichnung" für Nibiru von NASA & Co. Das "X" soll dabei für die römische Zehn (= zehnter Planet) stehen, das Unbekannte symbolisieren und das Zeichen für "Durchqueren" oder "Kreuzen" bedeuten. (Wir erinnern uns, dass Nibiru von unseren Ahnen angeblich als "Planet des Durchquerens" bezeichnet wurde.)

Nach Sitchin ist das Kreuz auch das Symbol des Nibiru bei den alten Völkern gewesen. Sprechen nun seriöse Astronomen oder diverse Artikel von "Planet X", so ist es für viele gleich der Nibiru.

Selbst Sitchin ist überzeugt, die Astronomie suche nur aufgrund *seiner* Theorien in seinem ersten Buch von 1976 nach Planet X. Er schreibt im Vorwort zur deutschen Ausgabe: "*Leichteren Herzens lege ich heute die deutsche Übersetzung vor. Denn im Verlauf der letzten Monate sind sich die Astronomen schlüssig geworden, dass es höchstwahrscheinlich in der Tat noch einen großen Planeten in unserem Sonnensystem gibt - weit hinter Pluto, genau wie meine Ausführungen aufgrund uralter Beweise erläutern. Ich konnte also doch Recht behalten (...) Natürlich machte ich die Marine-Astronomen sofort auf die sumerischen Beweise aufmerksam, die das vorliegende Buch behandelt. Sie pflichteten mir bei, dass das Vorhandensein eines größeren Planeten die Erklärung geben könnte. Vor einigen Wochen wurde mir mitgeteilt, dass man nun eine Suche nach einem solchen Planeten in die Wege geleitet hat - nach meinem zwölften Planeten.*"[73] - Das ist jedoch so nicht ganz richtig. Der Begriff "Planet X" bezeichnet in der Astronomie lediglich unbekannte Planeten. Nicht Nibiru. Auch der Pluto oder der 1846 entdeckte Neptun hatten einst diese theoretische Bezeichnung, genauso tragen große Objekte im Kuipergürtel hinter Pluto die Bezeichnung "Planet X", etwa das schon genannte Objekt Eris (entdeckt am 29. Juli 2005) mit 2400 Kilometern Durchmesser oder Makemake (entdeckt am 31. März 2005) mit 1800 Kilometern Größe, der heute die Nummer 136472 trägt. Seit 2006 sind es zudem keine Planeten mehr, sondern Zwergplaneten. Selbstverständlich haben die Astronomen auch nicht aufgrund von Sitchins "Beweisen" in seinem ersten Buch damit begonnen, den unbekannten Planeten zu suchen. Die Nibiru-Freunde geben trotzdem nicht auf. Im oben schon genannten Forum von *nibiruplanetx.npage.de* wurde unlängst die absurde These laut, dass der fremde Planet durch ein *Wurmloch* zur Erde kommen soll. Andere wollen wissen, dass Nibiru "getarnt" (= unsichtbar) ist - wir sehen ihn einfach nicht. Erstaunlicherweise sehen wir dabei auch seine Wechselwirkungen mit anderen Planeten nicht ... Und ein unsichtbarer Planet ohne Gravitationsauswirkungen wird der Erde dann natürlich auch nicht gefährlich, oder?!

Auf der bizarren, aber sehr umfangreichen Seite *teleboom.de*, die ein komplett neues Weltbild voller unsinniger Aussagen entwirft, findet man noch mehr abstruse Ideen rund um Nibiru. So steht dort, dass Nibiru ein "*künstlicher Planet*" sei. Dieser war früher der "*ehemalige Kampfstern der Sirianer*" (= Aliens vom Sirius, die auch die Erde erschufen) und ist heute Heimat der Anunnaki. Wow! Auch der Autor Andy Lloyd liefert in seinem Buch *The Dark Star* (2005) angeblich "Beweise". Er glaubt, dass die Sonne von einem braunen Zwergstern umrundet wird, dass also unser Sonnensystem ein Doppelsternsystem ist. (Zur Erklärung: Solche braunen Zwerge sind kleine, schwache Sonnen, eine Art Zwischending aus Planet und Sonne. Tatsächlich könnte - theoretisch - ein solches Objekt weit außerhalb unseres Sonnensystems in einem Abstand von bis zu zwei Licht*jahren* existieren. Oft nennt man diesen Dunkelstern "Nemesis".) Lloyd beruft sich bei seinen Thesen auch und vor allem auf Sitchins Nibiru-Idee, und auch er ist sich sicher: Die Anunnaki wohnen dort. Ebenso sei das periodische Aussterben von Leben auf der Erde in Zusammenhang zu bringen mit dem Nibiru.

Der Planetengeologe Professor Dr. Christian Koeberl von der Universität Wien berichtete auf dem *Meeting on Asteroids and Comets in Europe* vom 12. bis 14. März 2006 in Wien von einem interessanten Zusammenhang. In seinem Vortrag *Meteorite Impact Cratering on Earth: Geological and Biological Consequences* berichtet er davon, dass scheinbar etwa alle 26 Millionen Jahre durch Asteroideneinschläge auf der Erde ein Massensterben stattfindet. Auch Lloyd beruft sich in seinem Buch auf diesen Zyklus. Sind diese kosmischen Bomben von der Gravitation von Nemesis weit außerhalb des Sonnensystems zur Erde gelenkt worden? Ich weiß es nicht. Und auch Lloyd liefert nicht die Beweise für den Dunkelstern und die dort angeblich ansässigen Anunnaki.

Auch der Autor Marshall Masters spekuliert in einem "Überlebenshandbuch" zu Planet X und dessen Rückkehr 2012 auf Biegen und Brechen, zum Beispiel: "*In den kommenden Jahren bringt ihn seine elliptische Umlaufbahn mitten ins Herz unseres Sonnensystems, was zu einer heftigen Reaktion unserer Sonne führen wird. Sobald das geschieht, wird die Erde unsägliches Leid erfahren - in dem Moment, in dem das Schicksal uns ins Fadenkreuz eines ausgewachsenen Sonnensturms rücken wird.*"[74] Marshall gibt nun in seinem Buch Tipps, wie man "*das Jahr 2012 überleben*" kann. Denn "*Die Katastrophe, die uns 2012 erwartet, wird voraussichtlich sehr viel verheerender sein als der Schwarze Tod im 14. Jahrhundert*", wissen der Autor und seine Co-Autoren. Natürlich würden die zahllosen Vernichtungen des Planeten X der Erde einen "Evolutionssprung" (der Überlebenden) verschaffen. Quellen finden sich jedoch nicht für seine Forschungen. "*Seien Sie vorbereitet, seien Sie gut vorbereitet: Sie werden dieses Buch für 2012 brauchen*", lobt Autor und Planet-X-Fan Lloyd das Handbuch. Eine Beschäftigung mit Sitchin und seinen Thesen findet sich darin übrigens auch wieder nicht. Geradezu lächerlich ist, dass der Planet-X-"Experte" seinen Lesern ernsthaft rät, sich als Vorbereitung für ihren Überlebenskampf ab 2012 den Actionfilm *Rambo 1* anzusehen. Denn, so sagt er eindringlich, man solle nach der Katastrophe ein "*2012-Rambo*" sein.

Marshall gab gegenüber dem Magazin *NEXUS* in einem Interview an, er würde sich aufgrund von Fragen des Klimawandels mit Nibiru befassen. Verschiedene Fälle, in denen Leben auf der Erde vernichtet wurde, stehen seiner Meinung nach mit Planet X in Zusammenhang. Nach seinen Forschungen sei er nicht nur überzeugt, *"dass es ihn wirklich gibt, sondern dass er bei der Menschheit auch einen evolutionären Prozess auslösen wird".*[75] Die Beweise seien sogar *"überwältigend"*.

Müßig zu erwähnen, dass Marshall auch Anhänger einer Verschwörungstheorie ist. Seiner Meinung nach verheimlichen die Regierungen die Existenz und das Kommen des zehnten Planeten, um die Menschheit zu großen Teilen absichtlich *sterben* zu lassen. Die wenigen Überlebenden könne man dann leichter kontrollieren, und man würde anschließend im Einklang mit der Natur leben. Weiter sind die Autoren von sich und ihrem Panik-Buch überzeugt: *"Im Geiste von General Mitchells* (der den Angriff auf Pearl Harbor vorhergesagt haben soll, Anm. d. Autors) *Bericht aus dem Jahr 1924 vertritt dieses Buch eine pragmatische Sichtweise dessen, was uns im Jahr 2012 erwartet. Auf Grundlage jahrelanger Forschung und der Veröffentlichung zahlreicher Artikel, Bücher und Audiokurse zu diesem Thema bietet es eine Essenz all dieser Daten und legt sie auf unkomplizierte Weise dar. Wir hoffen, dass Sie das Gelesene gründlich prüfen werden, um dann für sich selbst zu entscheiden."*[76] - Nun, es wurde gründlich geprüft - mit dem *eindeutigen* Ergebnis: Nibiru wird 2012 nicht kommen.

Damit bleibt Nibiru leider ein Mythos. Ein Mythos, der aus Unwissenheit im Internet mit 2012 verknüpft wurde und ein Eigenleben entwickelt hat. Ein "Wandermärchen" - wie fast alles um 2012. Sein Erfinder Sitchin wird 2012 sicher bequem genießen - seiner Meinung nach haben wir ja noch bis 2894 nach Christus Zeit. Und was sagt Sitchin selbst eigentlich dazu, dass seine Thesen derart verunstaltet werden? Auf *Sitchin.com* spricht er Klartext: Seine Thesen werden *"missbraucht"* ...

TEIL V

Die Wahrheit über 2012 und die »Götter aus dem All«

Der wahnsinnige Hype um 2012 ist meiner festen Überzeugung nach eine Legende. Das heißt, es ist eine Art modernes "Wandermärchen", das mit riesigen Schritten durch das Internet schreitet und von dort auf den Buchmarkt übergegriffen hat. Solche Märchen haben den großen Nachteil, dass der Urheber, die Quelle, nicht feststellbar ist. Zudem hat "das Jahr des Wandels" inzwischen ein Eigenleben entwickelt und splitterte sich in zahlreiche "Unterlegenden" auf, von denen ich einigen in diesem Buch auf den Grund gehe. Ich bin ein Vertreter bzw. "Anhänger" der Erforschung der Rätsel dieser Welt. Das bedeutet, ich stehe Mythen, Legenden, auf den ersten Blick obskur erscheinenden Berichten, Aliens, UFOs und ähnlichen Thesen zu 100 Prozent offen gegenüber. Ich möchte hier auf *keinen* Fall missverstanden und als rundum ablehnender Skeptiker angesehen werden. Auch wenn natürlich vieles in diesem Bereich leider vollkommener Blödsinn ist, vor allem in der modernen Esoterik-Szene, bin ich doch der festen Meinung, dass überall ein wahrer Kern zu finden sein muss. - Auch beim Mythos 2012? Ja und nein.

Bei meiner Beschäftigung mit dem Jahr 2012 inklusive all seiner Subphänomene stellte sich heraus, dass der Kern des Mythos' nur ein Sandkorn an einem weiten Strand ist; zwischen Fakt und Hinzugedichtetem zu unterscheiden, scheint vielen daher schwerzufallen. Doch das ist erstaunlich und unverständlich. Fakt ist, die alten Maya existierten wirklich. Und Fakt ist weiter, sie hatten drei Kalendersysteme, die auf 2012 hinauslaufen *könnten*. Ebenfalls Fakt ist, dass wir zahllose alte Schriften und Inschriften der Maya haben, die wir auch lesen können. Die Wahrheit dürfte also glasklar vor uns liegen. Dennoch wimmelt es von unzähligen Interpretationen rund um 2012, die nur teilweise auf diesen Fakten aufbauen. Kurt-J. Heering und Jo Müller stellen in ihrem 2012-Buch treffend fest: "*Was die Maya wirklich geweissagt haben und was Interpreten in den Hinterlassenschaften dieses Volkes an Prophezeiungen zu erkennen glauben, sind sehr unterschiedliche Dinge. Aber um spannende Geschichten handelt es sich allemal.*"[77]

Wir konnten aber beispielsweise sehen, dass der Kern des Nibiru-Mythos' leicht auffindbar ist und dass er nur aus Unwissenheit mit 2012 vermischt wurde. Er wurde Teil der Legende, hat aber im Grunde nichts damit zu tun. Genauso muss man sich bei sämtlichen Thesen zu 2012 fragen: Wo ist nun der echte, greifbare und reale Kern hinter den meist sinnlosen Aussagen? Konkret: Läutet das Ende des Maya-Kalenders ein neues Kapitel der Menschheit ein? – Ich muss Sie, liebe Leserinnen und Leser, auch hier wieder enttäuschen: Der Kalender der Maya könnte 2012 nach einem über 5000 Jahre andauernden Zyklus wieder neu beginnen. Könnte. Doch das ist, wie wir gesehen haben, unsicher, und die Angabe des 21. Dezember 2012 ist schon gar nicht gesichert. Möchte nun jemand die "Wahrheit" der Maya zum Jahr 2012 suchen, wird er bitterlich enttäuscht werden. Die alten Maya haben *nichts* prophezeit, was in irgendeiner Art und Weise mit dem Ende des Long Count – dem Maya-Datum 13.0.0.0.0 – in Zusammenhang steht. Nirgendwo auch nur ein Text oder eine Inschrift. Nichts, absolut keine Fakten. Das hören 2012-Freunde nicht gerne, es ist aber die Wahrheit.

Prof. Dr. Nikolai Grube. Der ausgewiesene Maya-Kenner ging schon früh gegen die Irrlehre vom Weltuntergang im Jahr 2012 an.
Quelle: Institut für Altamerikanistik und Ethnologie, Bonn

Aber lassen Sie mich hierzu den Astronom und Anthropologen Professor Anthony Aveni von der Colgate Universität in New York zitieren. Der Autor des spannenden Buches *The End Time: The Maya Mystery of 2012* (2009) schreibt in dem Fachmagazin *Archaeology* (Nr. 6/2009) deutlich: "*Obwohl die Maya an zyklische, aufeinanderfolgende Schöpfungen glaubten, gibt es keine klaren Belege dafür, was sie für unseren 13.0.0.0.0 erwarteten.*"[78] Ich bin also nicht allein mit meiner Aussage. Die Maya sagen an keiner Stelle, dass zum Beispiel die Menschheit "erhöht" wird oder die Welt untergeht. Mehr noch, in der alten Maya-Stadt Palenque existieren Funde, die auf Jahreszahlen weit *nach* 2012 hinweisen. Die berühmten Maya-Experten Professor Linda Schele und der Archäologe David Freidel berichten jedenfalls von einer in Palenque gefundenen Inschrift, die bis auf den 15. Oktober 4772 vorausblickt. Gefunden wurde sie in der legendären Pyramide "Tempel der Inschriften" (690 nach Christus), und sie sagt, dass man in diesen fernen Tagen noch König Pakal dem Großen (siehe Teil I), der dort bestattet wurde, huldigen wird. Und auch Dr. Nikolai K. Grube, Professor für Altamerikanistik an der Universität Bonn und Spezialist für Maya-Inschriften, verweist auf Daten der Maya, die über das Jahr 2012 hinausweisen. Dabei beruft er sich auf einen beschrifteten

Knochen mit Namen "MT26", der in einem Grab in der Maya-Stadt Tikal gefunden wurde und auf dem drei Daten stehen: der 17. Juni 1224, der 22. April 5565 und schließlich der 24. Februar 9898.

Das letzte Datum scheint den Maya wichtig gewesen zu sein. Wir finden es, so Maya-Experte Grube, häufig in Inschriften der Maya. Grube: "*Es* (das Datum, Anm. d. Autors) *birgt offensichtlich eine Information von universeller Bedeutung, mit großer Wahrscheinlichkeit eine konkrete Aussage über die Dauer des gegenwärtigen Universums in der Vorstellung der Maya. Dafür spricht auch, dass es keine Hieroglyphentexte gibt, in denen Zeitangaben gemacht werden, die über das Jahr 9898 hinausweisen. Es war eine Zeitgrenze, die nicht überschritten wurde, weil man sich dessen, was danach folgte, nicht mehr gewiss war."*[79] Kein Platz für den baldigen Untergang der Welt also. Aber auch kein Platz für angeblich vorhandene "Prophezeiungen" der alten Maya über einen "Aufstieg" und Wandel der Menschheit im Jahr 2012. Mit etwas gutem Willen könnte man den 24. Februar 9898 als Tag des Untergangs der Welt interpretieren, da es bisher keine späteren Daten gibt - aber sicherlich nicht den 21. Dezember 2012.

Mario Krygier weist jedoch in einem Artikel für das Magazin *Skeptiker* (Nr. 1/2009) auf eine Weissagung "des legendären Schamanen der Lakandon-Maya" mit Namen Chan K'in Ma'ax (Viejo) hin. Der angeblich mit rund 110 Jahren am 23. Dezember 1996 verstorbene Schamane sagte in der Tat ein Ende der Welt voraus: "*Es wird das Ende der Welt kommen. So erzählt man, so sagt man. Es wird unser Ende kommen, wenn es keine Bäume mehr gibt, dann, wenn sie alle gefällt sind, wenn es überall Menschen gibt, wenn es keinen Wald mehr gibt."*[80] Chan K'in Ma'ax war kein Prophet der alten Maya, sondern ein Maya-Schamane des 21. Jahrhunderts, und seine Interpretationen zur Umweltzerstörung finden sich in der heutigen Zeit überall; bei Politikern und Umweltschützern. "Wenn der Dschungel zerstört wird, wird die Welt sterben", wusste der Maya daneben schon vor 30 Jahren im *Kingman Daily Minder* (28. Dezember 1980) zu berichten. Doch diese Aussagen sind logisch und heute nachvollziehbar, und es bedarf keiner "prophetischen Gabe", um das zu erkennen. Ein Datum oder Jahr nannte Chan K'in Ma'ax indes auch *nicht*.

2012-Freunden ist das vollkommene Fehlen von apokalyptischen Prophezeiungen der Maya ein Dorn im Auge. Auch Professor Grube hat diese Erfahrung gemacht, wie er in einem Interview mit der Wochenzeitung *Die Zeit* 2009 berichtete: "*Ich werde häufig* (von Esoterik-Gruppen, Anm. d. Autors) *gefragt und muss dann immer Entwarnung für das Jahr 2012 geben. Das stößt auf großes Entsetzen oder auf Unglauben, verbunden mit einer Kritik an der Wissenschaft, die sich für diese Phänomene nicht öffne, wie es dann heißt. Die Argumentationsstrukturen der Wissenschaft und der Esoterikszene sind nicht kompatibel. Esoterik beruht auf Glauben, die Wissenschaft auf Belegen.*"[81]

Und was ist mit der berühmten Schrift *Popol Vuh* der Maya, dem wichtigsten Dokument ihrer Kultur? In der Tat, dieses "Buch des Rates" ist für die Maya-Forschung eine enorm wichtige Quelle, seit es um 1700 aus alten Quellen zusammengetragen wurde. Aber auch hier Fehlanzeige. Das Buch enthält keinerlei Prophezeiungen für 2012. Man muss es nur lesen, um diesen Umstand zu erkennen. - Doch halt! Der weltberühmte *Dresdner Codex* weist eindeutig auf einen Untergang der Welt hin. Heißt es. Stimmt das? Ich muss hier etwas ausholen.

Die Spanier haben bei der Eroberung mit großem Eifer die Schriften der Maya und anderer Indianervölker vernichtet. "Teufelszeug!", brüllten sie und warfen die unschätzbaren Texte der Ureinwohner Mittelamerikas jubelnd ins Feuer. Hier "glänzte" vor allem Diego de Landa (1524-1579) in seiner Funktion als Bischof von Yucatán. Am 12. Juli 1561 beschloss der Inquisitor in einem Erlass, dass alle Schriften und Texte der Maya als heidnisches Teufelszeug zerstört werden müssten. Grund war, dass die Indianer sich nicht einfach zum Christentum bekehren lassen wollten. Sie beteten weiter, so de Landa, Götzen an. So übergaben auf seinen Befehl hin die Konquistadoren die Texte mit "Aberglauben und den Täuschungen des Teufels" dem Feuer. Großes Wehklagen herrschte bei den Indianern, und auch heute noch beklagen Altamerikanisten den Verlust von unschätzbarem Wissen. Durch glückliche Umstände jedoch blieben vier der so genannten "Maya-Codices" bis auf den heutigen Tag erhalten. Sie liegen in verschiedenen Museen der Welt: das "Zauberbuch" *Madrider Codex* (Codex Tro-Cortesianus), Teile des *Grolier Codex*, der 1859 in einem Mülleimer gefundene *Pariser Codex* (Peresianus Codex) und letztlich der *Dresdner Codex*. Wie besonders diese vier letzten Texte der Maya sind, beweist auch, dass, so die *Sächsische Zeitung* am 23. Oktober 2007, Deutschland und Guatemala diese Schriften bei der UNESCO als Weltkulturerbe anerkennen lassen wollen.

Der für uns interessante Codex aus Dresden wurde 1739 von Johann Christian Götze (1692-1749) entdeckt und liegt heute in der Schatzkammer des Buchmuseums der Sächsischen Landes- und Universitätsbibliothek in Dresden. Datiert wird der Text aus 39 Blättern aufgrund astronomischer Berechnungen in dem Text auf etwa 1200 nach Christus. Er ist im Internet bei der Foundation for the Advancement of Mesoamerican Studies (famsi.org) vollständig digital einsehbar. Dieser Codex ist es auch, der Dr. Andreas Fuls vom Institut für Geodäsie und Geoinformationswissenschaft der TU Berlin dazu veranlasste, die Kultur der Maya um rund 200 Jahre später zu datieren (s. Teil I.). Auch wenn der Codex hochinteressante Berechnungen zum Mars oder zur Venus und die legendären "Finsternistafeln" enthält, ist nur ein einziges Bild spannend für die Apokalyptiker: die Tafel 74 des Codex', "Weltende" oder "Sintflut" genannt. Sie zeigt am oberen Rand einen Drachen oder ein Krokodil, das Wasser speit und sich offenbar über den Himmel erstreckt. Über einer schwarzen und bewaffneten Gottheit auf dem Bild steht mutmaßlich die Maya-Göttin Ixchel. Sie trägt eine Schlange auf dem Haupt und zwei gekreuzte Knochen auf ihrem Rock. Dies steht im Übrigen nicht für Nibiru, sondern angeblich für "Feindschaft" oder kriegerische Absichten. Ixchel war die Schutzgöttin der Schwangeren, des Wassers und des Regenbogens am Himmel und ebenso eine Göttin der Erde und des Mondes. Vielleicht hat sie auch etwas mit der Fruchtbarkeit zu tun. Jedoch zeigt der Codex deutlich, dass auch sie einen Krug mit Wasser auf die Erde zu schütten scheint.

Was nun bedeutet diese Darstellung? Maya-Forscher wie Rolf Krusche mutmaßen, das Bild zeigt eine in ganz Mittelamerika verbreitete Mythologie: das Ende der Welt; hier durch eine Sintflut. Aber nicht unbedingt in der Zukunft! Die Völker in Mittelamerika glaubten – ähnlich wie die Hopi-Indianer in Arizona, die angeblich aus Mexiko kommen –, dass die Welt bereits mehrmals untergegangen ist. Die Azteken etwa glaubten, sie befänden sich in der fünften Welt bzw. Schöpfung. Durch eine Katastrophe (Erdbeben) werde auch diese fünfte Schöpfung eines Tages vernichtet werden, doch wann das stattfinden wird, das haben die Azteken nicht überliefert. Tafel 74 des *Dresdner Codex'* nun soll eben solch einen Untergang zeigen. Krusche schrieb schon 1966: "*Das Bild bezieht sich auf die bei allen mittelamerikanischen Völkern anzutreffende Vorstellung von der mehrmaligen Schöpfung und Vernichtung der Welt. Nach den Überlieferungen der Maya gingen der bestehenden Welt, die auch dereinst einmal zerstört werden würde, bereits drei andere Weltzeiten voraus.*"[82] Über 40 Jahre später, inzwischen sind die Texte der Maya zu großen Teilen lesbar, revidierte Maya-Schriftexperte Professor Dr. Nikolai Grube diese Aussage jedoch etwas. Es sei seiner Meinung nach unsicher, in welchem Maya-Weltzeitalter wir heute leben: "*Es gibt keine Maya-Aufzeichnungen über die Zahl der*

Universen, und wir wissen nicht, in welcher Welt wir gerade leben, ob in der zweiten oder zehnten oder welcher auch immer."[83]

Interessant ist der oben genannte Krug der Göttin, aus dem sie Wasser auf die Erde schüttet: In das Wasser ist das "magische Datum 5Eb" geschrieben, das Datum dieser Fluten. Die Maya-Forscher wissen aber bis heute nicht, welchem Datum unseres Kalenders diese Angabe entspricht. Grube spekuliert über den Untergang der jetzigen Welt: "*Inschriften der Klassischen Zeit deuten daraufhin, dass die gegenwärtige Welt 33 mal 400 Jahre dauern wird. Demnach würde das Ende im Jahr 8077 n. Chr. nahen."*[84] Dies leitet Grube wie folgt ab: 33 x 400 Jahre = 13.200 Jahre. 13.200-3114 Jahre (Start des Maya-Kalenders) = 10.086. 10.086 Jahre-2009 (das Jahr, in dem Grube diese Aussage tätigte) = 8077 nach Christus. Also auch hier von dem Jahr 2012 *keine* Spur. Mag sein, dass der Codex in die Zukunft weist, aber in eine unbestimmte Zukunft. Vielleicht auf das Jahr 9898, oder er meint, wie es Adrian Gilbert und Maurice Cotterell deuten, eine vergangene Vernichtung einer Maya-Welt. Doch solche Prophezeiungen über ein Ende der Menschheit bzw. der Welt beziehen sich in keiner Weise auf unsere heutige Zeit. Erinnert sei hier auch noch einmal daran, dass diese Berechnungen auf dem Jahr 3114 vor Christus als Start des Maya-Kalenders basieren - doch selbst das ist bekanntlich unsicher. Drei Maya-Stelen in dem Ort Coba in Mexiko belegen das eindrücklich. Sie sprechen von Zyklen zu 2021 Jahren à 360 Tagen. Laut den Inschriften waren 13 derartige Zyklen (= 25.913 unserer 365-Tage-Jahre) bereits vergangen, als die Welt der Menschen erst erschaffen wurde ...

Also: Auch in diesem Codex findet sich wieder kein Hinweis auf das berühmte Wendejahr. Befinden wir uns also nicht in der viel beschworenen "Zeitenwende"? Dazu möchte ich den Autor Dr. Carl Callemann zitieren, der nach dem Start des Filmes *2012* treffend sagte: "*In Wirklichkeit konnte kein solches Ereignis von den alten Maya vo-*

rausgesagt worden sein, aber für viele, die nicht um die Ecke denken wollen, wurden solche Ereignisse zu urbanen Legenden, in die Hollywood hineinklopft und die es verstärkt."[85] Der Archäologe und Experte für Maya-Schriften, Professor Dr. Nikolai Grube, Direktor des Institutes für Altamerikanistik und Ethnologie an der Rheinischen Friedrich-Wilhelm Universität in Bonn, ist ein ausgewiesener Kenner der Maya-Überlieferungen. Seit 1984 forscht er vor Ort in Mittelamerika im Maya-Land und dokumentiert dort die Inschriften der alten Maya für die Nachwelt. Professor Grube nun erkannte schon früh den Boom um das Jahr 2012. So kam es, dass er bereits Anfang 2004 in der Fachzeitschrift *Abenteuer Archäologie* (1/2004) energisch und kompetent gegen diesen Mythos vorging. Doch ein Detail seiner Arbeit wurde dabei vollkommen übersehen. Ein "Bonbon", auf das Grube nach meinen Recherchen erstmals (auf Deutsch) verweist: eine alte schriftliche Maya-Überlieferung mit einer *konkreten Weissagung für 2012*! Eine Weissagung, auf die Professor Grube schon 2002 zusammen mit Marc Zender (Universität Calgary) und Simson Martin (Universität Pennsylvania) in *Palenque and its neighbors* hinwies. Und bereits im Mai 2006 unterzog John Major Jenkins in einem Onlineartikel besagte Weissagung einer umfassenden Analyse. Doch das alles wird in der Esoterikszene gerne übersehen. – Da haben wir sie nun endlich, die niedergeschriebene Prophezeiung für 2012, auf die ich in meinem Buch *Historia Mystica* Anfang 2009 auch verwies, zuvor machte bereits der Prä-Astronautik-Forscher André Kramer in einem Onlineartikel darauf aufmerksam und inzwischen hat auch Erich von Däniken in seinem Buch *Götterdämmerung* von Ende 2009 diese Überlieferungen analysiert.

Was ist das nun für eine Weissagung? Sehen wir sie uns einmal genau an. Es ist ein formelhafter Hieroglyphentext, der in dem Maya-Ort Tortuguero in Mexiko (Bundesstaat Tabasco) entdeckt wurde. Er soll aus dem siebten Jahrhundert nach Christus stammen und ist als

Die Inschrift von "Monument 6" in Tortuguero. Die Schriftzeichen bedeuten womöglich, dass am Ende des "Long Count" der Maya ein Gott vom Himmel kommt.

Quelle: Silke Fischinger

"Monument 6" bekannt. Gefunden wurde das stark verwitterte Monument in den 60iger Jahren bei Straßenbauarbeiten. Dabei wurde es fast zerstört, und "Schatzjäger" taten ein Übriges. Lediglich der Anfang des Textes ist daher überhaupt noch les- und deutbar. Dieser Textanfang wird wie folgt wiedergegeben: "*Das 13. Baktun wird enden am 4. Ajaw, dem 3. Uniiw. Schwarz (...) wird geschehen. Der Bolon Yokte' K'uh wird herabsteigen zum großen (oder roten)(...)*"[86] In diesem schwer lesbaren Orakeltext nun heißt es, dass am Ende des 13. Baktun-Zyklus' der Gott Bolon Yokte (B'olon Yokte' K'uh), ein Kriegsgott, aber auch ein Gott der Kaufmänner, vom Himmel auf die Erde kommen wird ("wird herabsteigen"). Etwas anderes, wie etwa ein Weltuntergang oder irgendetwas Ähnliches, wird in dem Text nicht erwähnt. "*Eine positive Bedeutung*" scheint diese Inschrift zu haben, wie Christian Prager und Markus Eberl in einer entsprechenden Analyse 2005 feststellten. Jedoch ist eine einheitliche Interpretation und Übersetzung des Orakeltextes nicht möglich. David Stuart, ein Kenner der Maya-Schriften von der Universität von Texas, sieht diese Überlieferung ebenfalls kritisch. *Welt onlin*e zitiert ihn 2009 mit den Worten: "*Das ist ein spezieller Jahrestag der Schöpfung. Die Maya sprachen nie davon, dass die Welt zu Ende gehen würde, sie sagten nie, dass notwendigerweise irgendetwas Schlimmes geschehen würde. Sie halten auf Monument Six lediglich diesen künftigen Jahrestag fest.*"[87]

Tortuguero war in jenen Tagen, als die Inschrift über Bolon Yokte eingemeißelt wurde, Herrschaftsgebiet von Palenque. Die Könige Pakal der Große und sein erstgeborener Sohn Chan-Bahlum (K'inich Kan Balam II., 635-702 n. Chr.) versuchten zu dieser Zeit, die politische Situation weiter zu stabilisieren. Chan-Bahlum ist vor allem auch als Bauherr des "Tempels der Inschriften" und anderer berühmter Bauten von Palenque bekannt. Im siebten Jahrhundert nun war Tortuguero ein Provinznest unter der Führung der Könige von Palenque - ohne jede Bedeutung. Auch der Gott Bolon Yokte ist nicht gerade das, was man als "Prominenz unter den Göttern der Maya" bezeichnen würde. Einige sehen in ihm sogar eine vollkommen unbedeutende Lokalgottheit, die im Weltbild der Maya keinen besonderen Rang einnimmt. Und die Tatsache, dass viele 2012- und inzwischen auch UFO-Fans teilweise von der "Rückkehr der gefiederten Schlange" (= Kukulcán / Quetzalcoatl) für 2012 sprechen, ist schon gar nicht mit der zerstückelten Mini-Inschrift in Zusammenhang zu bringen. Doch das geschieht ohnehin äußerst selten, da diese Schriftzeichen in der Esoterikszene noch recht unbekannt sind.

Kritiker werfen hier ein: Halt, es gibt auch noch die mysteriösen Chilam-Balam-Bücher der Maya, die ein "Jaguar-Priester" in Mexiko in der Maya-Sprache Mayathan verfasst hat. Tatsächlich, so entnehmen wir es der interessanten Doktorarbeit *Geschichtstradierung in den yukatekischen Chilam-Balam-Büchern* von Dr. Antje Gunsenheimer (2002), diese Schriften sind spannend. Doch: Sie wurden unter christlichem und westlichem Einfluss zwischen 1550 und 1837 verfasst;

die Archäoastronomin und Astrophysikerin Makemson vom Vassar College in New York legte 1951 die erste Übersetzung in Englisch vor. Doch inwieweit ist zum Beispiel die folgende Übersetzung aus den Texten von Maud Worcester Makemson von 1951 zu bewerten: "*Der 13. Baktun kommt und bringt die Ornamente von deinen Ahnen, von denen ich gesprochen habe. Dann wird der Gott kommen und seine Kleinen besuchen*"?[88] Schon damals bezeichnete die Forscherlegende und Mayakenner John Eric S. Thompson die Übersetzungen von Makemson in einer Rezension im *American Anthropologist* (vol. 53, 1951) als reine Phantastereien fern der Realität. Und der Mayakenner und Anthropologe Munro Edmundson gab zu bedenken, dass die Verse keinen Bezug zum 13. Baktun haben, da die Autoren der Chilam-Balam-Texte anders rechneten. Denn die einzelnen Bücher stammen aus verschiedenen Regionen; der Vers oben etwa stammt aus dem Buch *Tizimín*, benannt nach seinem Ursprungsort. - Das alles ändert nichts an der Tatsache, dass wir hier eine konkrete Weissagung der alten Maya vorliegen haben. Die einzige Prophezeiung für 2012 ist die aus Tortuguero! Eine kaum mehr lesbare, kurze Inschrift - auch wenn die Autorin Nah Kin "die authentische Botschaft der Maya für das Neue Zeitalter" in ihrem Buch verbreiten will ... Also: Glaubte das Volk der Maya, dass 2012 "die Götter wieder auf die Erde kommen"? Nein, das glaubte es nicht. Trotz der vorhandenen Inschrift ist das mehr als unwahrscheinlich, denn: Ein Ereignis von epochaler Bedeutung, nämlich die Rückkehr der Maya-Götter, wäre nicht nur an einem unbedeutenden Ort festgehalten worden. Und es würde auch kaum nur mit einem unwichtigen Gott in Zusammenhang stehen.

Der Autor Daniel Pinchbeck zum Beispiel ist sich dennoch sicher, dass 2012 der Wandel und Quetzalcoatl kommen werden. In seinem Buch *2012 - The Return of Quetzalcoatl* von 2006 (dt. *2012 - Die Rückkehr der gefiederten Schlange*, 2007) geht er umfassend auf die angeblichen Überlieferungen dazu ein. Auch er spricht von der "Synchronisierung" und dass der Übergang längst im Gange sei. Pinchbeck fasst die weitverbreitete Idee zu Quetzalcoatl zusammen: "*Traditionell wurde die Vollendung des Großen Kreislaufs* (der Maya-Kalender, Anm. d. Autors) *mit der Wiederkehr der mittelamerikanischen Gottheit Quetzalcoatl verbunden, der 'unübertrefflichen gefiederten Schlange' (...).*"[89] – Steht eine solche Aussage mit der oben genannten Weissagung zum Gott Bolon Yokte in Zusammenhang? Leider nicht. Es ist zudem auch spannend, woher der Autor Pinchbeck seine Informationen wahrscheinlich hat: Er ist Befürworter der Einnahme von psychedelischen Drogen wie LSD und diversen Drogenpilzen und praktiziert dies selbst. Darüber schieb er 2003 sogar ein Buch. Seine Biographie verrät auch, dass er seit 2004 am Amazonas in Brasilien (also nicht in Mexiko!) recherchiert. Dabei experimentiert er mit dem Konsum von Drogen für "Bewusstseinsexperimente" sowie mit schamanischen Trancereisen. Seine Thesen zu 2012 resultieren genau daraus und seien "seine ganz persönlichen Erkenntnisse und Erlebnisse". Der Leser soll selbst beurteilen, welchen Wert diese "Prophezeiungen" nun haben ...

Es finden sich also keine konkreten Hinweise der alten Maya, dass die "gefiederte Schlange" in ihrer Funktion als Hauptgott ab 2012 kommen wird. Und hier wird es spannend: Wer oder was waren denn diese Götter rund um Quetzalcoatl bzw. Kukulcán, Bolon Yokte & Co.? Wieso sollten sie 2012 wiederkommen? Dazu habe ich in der Literatur mehrere Antworten gefunden. Da ist, nun nur auf die Götter des Maya-Landes bezogen, Folgendes im Gespräch: spirituelle, *nicht* existierende Wesen der Mythologie; Bewohner von Atlantis; Außerirdische; spirituelle, aber dennoch existierende "Wesen des Lichts" etc.; reale Menschen (eine Art Ur-Könige), die später "vergöttlicht" wurden. 2012-Gläubige nun richten ihr Augenmerk auf die Möglichkeiten drei und vier. Position zwei können wir ignorieren, da die Bewohner von Atlantis wohl schlecht 2012 wiederkommen können, da Atlantis untergegangen ist. Und Position eins und fünf lasse ich aus, da kein Esoteriker davon ausgehen will und ausgeht. Doch was ist Fakt?

Nun, Quetzalcoatl war *keine* Gottheit der Maya. Es ist ein Gott der späteren Azteken, der zahlreiche Funktionen innehatte. Er war ein Gott der Schöpfung, des Himmels, der Weisheit und auch ein mächtiger Herrschergott. Sein Bruder und gleichzeitig Konkurrent war der Gott Tezcatlipoca. Der Name Quetzalcoatl soll in etwa "die mit grünen Quetzalfedern bedeckte Schlange" bedeuten, so zumindest Walter Krickeberg in seinem Standardwerk *Altmexikanische Kulturen* (1971), oder schlicht "gefiederte Schlange", denn der Gott wurde meist als Schlange mit den Federn des bunten Vogels Quetzal dargestellt, der im Dschungel Mittelamerikas lebt. Auch die Tolteken aus Zentralmexiko (10. bis 12. Jahrhundert) kannten diesen Gott als Schöpfergottheit und brachten ihn offenbar mit dem Morgenstern (= Venus) in Zusammenhang. Der aztekische Gott Tlahuizcalpantecuhtli wiederum wird als eine weitere Form von Quetzalcoatl angesehen. Er war auch bei den Azteken der Herr der Venus bzw. die Venus selbst. Die Maya nun nannten das "Wesen" vor der Zeit der Azteken Kukulcán und die Quiche-Indianer aus Guatemala Gukumatz, wobei die Quiche jedoch zum Großvolk der Maya zu zählen sind (auch das Buch *Popol Vuh* stammt von den Quiche-Maya).

Legenden über diesen flexiblen, weil vielseitigen Gott sind spannend. Er soll einen langen Bart getragen habe und extrem hässlich gewesen sein, heißt es. Auch ist heute immer wieder davon die Rede, dass er ein Weißer war. Ein Weißer mit Bart, wie es der aztekische *Codex Florentinus* (1569) sagt, der einigen Erzählungen nach aus dem Osten über das Meer (Atlantik) nach Mexiko kam, inspirierte viele Autoren zu der These, dass Kukulcán bzw. Quetzalcoatl ein

Der fliegende Gott Quetzalcoatl, eine Schlange mit Federn. Er ist kein Gott der Maya, sondern einer der Azteken, der auch als Außerirdischer gedeutet wird. Kommt er 2012 wieder? Quelle: Lars A. Fischinger

Europäer oder gar ein Mensch aus Atlantis war, das im Atlantik (Osten) gelegen haben soll. In dem vor phantasievollen Thesen nur so wimmelnden Buch *2012/2013. Das Jüngste Gericht* (2008) von Doris Bilgeri ist Quetzalcoatl ein Prophet, der 3000 oder 2000 vor Christus aus Ägypten kam. – Es ist bis heute unklar, wer Quetzalcoatl nun eigentlich war, und gerade das macht ihn in der Esoterik sehr beliebt. Aber: Das Monument Nummer 6 in Tortuguero sagt, dass die Gottheit Bolon Yokte vom Himmel niedersteigen wird. Nicht Quetzalcoatl. Es sagt auch nicht, dass das 2012 nach unserem Kalender geschieht. Am Ende des Long Count wird das sein, heißt es in der Inschrift, und wie wir gesehen haben, wissen wir eben nicht, ob das der 21. oder 23. Dezember 2012 oder überhaupt 2012 ist.

Und vor allem wird in dieser Weissagung Kukulcán alias Quetzalcoatl nicht erwähnt.

Doch die Prä-Astronautik sagt nun Folgendes: Außerirdische kamen vor Jahrtausenden zur Erde. Die frühen Menschen - unsere Vorfahren - sahen in den technisch hochentwickelten Wesen, die vom Himmel kamen, Götter, und diese Anwesenheit der Götterwesen ist als Teil der globalen Mythologie bis heute überliefert. Doch noch mehr, denn viele der Völker der Welt warteten und warten auf die Rückkehr der Außerirdischen/Götter/Heilsbringer. Wie wir im Kapitel über Nibiru gesehen haben, hat Zecharia Sitchin dazu sogar konkrete Informationen berechnet. Sitchin ist sich auch sicher, dass die Anunnaki vielleicht sogar vor der Wiederkunft seines Nibiru wiederkommen werden, beispielsweise über ihre angeblichen Marsbasen.

UFO-Fans in aller Welt haben aus dieser Idee der Prä-Astronautik ihre eigene Welt geschaffen. In einem interessanten Forum zu Aliens und UFOs des Servers *alien.de* schreibt ein User Anfang 2008 von der baldigen Ankunft der Aliens 2012. Stellvertretend für die meisten UFO-Fans und ihre Thesen sei er zitiert. Er ist sich sicher: *"(...) dass das Kornkreisphänomen und die Himmelsphänomene* (= UFO-Sichtungen, Anm. d. Autors) *zunehmen werden. Und man kann sie in ihrer Gesamtheit nicht fadenscheinig wegdiskutieren. Die Prophezeiungen der Maya müssen hingegen interpretiert werden. Da gibt es gar nicht so viel, was sicher feststeht. Ist es nicht vernünftiger, aufgrund der gegenwärtigen existierenden Phänomene darauf zu schließen, dass sich die Prophezeiungen der Maya vermutlich auf 2012 beziehen?"*[90] Ein anderer User, mit dem ich selbst in Diskussionen schon öfter aneinandergeraten bin, hält dagegen: *"Das mit der 'These von der Wiederkunft der Götter' besagt überhaupt nichts. Ich kann mir auch die These ausdenken, dass die Maya glaubten, nach dem 23.12.2012 würden die Spektralfarben sich in ihr Gegenteil umkehren, so dass ab dem 24.12. alles Rote nun grün aussieht und so. Ist aber Pipifax. Ausdenken kann man sich viel, wenn der Tag lang ist."*[91]

Doch die Annahme, dass UFO-Sichtungen jährlich enorm zunehmen, ist weitverbreitet, und angeblich würden auch die Kornkreise zunehmen und sogar deutlich "codierte" Hinweise auf das Jahr 2012 (oder gar Nibiru) beinhalten sowie natürlich auf den Kontakt mit den Außerirdischen hinweisen. Auch der deutsche Grenzwissenschaftler Andreas Werner ist von der Zunahme der UFOs überzeugt. In einem Interview mit *Secret TV* berichtete er nicht nur von allerlei unkritischen Annahmen der Prä-Astronautik, sondern auch: *"Die außerirdischen Geschwister werden sich wieder mit uns verbrüdern."*[92] Extrem wird es auf den Webseiten von *ancient-mysteries.de*. Dort werden viele Botschaften von Lichtwesen/Aliens usw. verbreitet, die auch auf den Kontakt vorbereiten sollen. Es sind "Sternenbotschaften für die spirituelle Hierarchie und die Galaktische Föderation", die ursprünglich von *paoweb.com* stammen. *"Wir sind hier"*, sagt dort eine geistige Nachricht, die durch das Medium Sheldan Nidle am 5. Januar 2010 übermittelt wurde, *"um eine göttliche Mission zu erfüllen."* Selbstverständlich findet sich in den Botschaften dort auch der Umstand (ohne Quelle), dass die UFO-Begegnungen angeblich immer mehr werden. Gleiches gilt für die umfangreiche Seite *teleboom.de*. Dort wird detailliert über die angeblich 200.000 Alien-Rassen der "Galaktischen Föderation des Lichts" berichtet. *"Der Kontakt mit Außerirdischen von Angesicht zu Angesicht wird momentan weltweit vorbereitet"*, berichtet dann auch die Zeitung *UFO-Nachrichten* (Nr. 1/2010). Darin ist (neben einer Titelstory zu 2012) ein Interview mit Clifford Stone zu finden, angeblich einst "Schnittstelle" und "Kommunikator" zwischen US-Regierung sowie US-Militär und den Aliens! Auch in dieser Zeitung wird der Leser auf den baldigen Kontakt vorbereitet. Und woher stammt das "sensationelle" Interview? Von der Webseite des uns gut bekannten *Project Camelot* (2006) ...

Mit großer Heftigkeit diskutieren die UFO-Interessierten in zahlreichen Internetforen die angebliche Zunahme der UFO-Meldungen und den damit "bevorstehenden Kontakt" mit Außerirdischen. Gerne und vor allem natürlich im Jahre 2012. Dabei mischen auch Prä-Astronautik-Anhänger mit, denn, wenn die Aliens schon einmal hier waren, dann werden sie sicher auch einmal wiederkommen, so argumentieren sie. Besonders freuten sich UFO-Fans über die Sichtung eines Flugobjektes in Mexiko. Ein unscharfer Film Mitte 2009 bei *Youtube* zeigte eine Art Zigarre oder besser ein schlangenähnliches Himmelsding. Das Video wurde dahingehend gedeutet, dass es sich um Außerirdische (= Quetzalcoatl) handeln könnte; auch andere UFO-Filme im Internet wurden und werden dahingehend interpretiert. Skeptiker laufen Sturm gegen diese Deutungen. Deren Meinung nach sind *alle* Filme im Internet mit vermeintlichen UFOs Irrtümer oder besser Fehlinterpretationen. Es handele sich vielmehr um Himmelslaternen oder, bei zylindrischer Form, Zeppeline aller Art. (Man muss aber hier erwähnen, dass die Kritiker ausschließlich die schlechten Internet-Filmchen kennen und anhand dieser Materialien ihre angeblich "korrekten Erklärungen" abliefern und verbreiten.)

In einem Punkt haben diese Skeptiker Recht: Die schöne Welt der unkritischen UFO-Freunde ist leider nicht so, wie diese sie gerne hätten. Tatsache ist, dass zum Beispiel Deutschland seit einigen Jahren geradezu von UFO-Meldungen überschwemmt wird. Doch diese "UFOs" erweisen sich dabei fast immer als "Himmelslaternen" aus Asien, die auch "Thailaternen" genannt werden. Das sind Papierballons mit einem Licht (Feuer) im Inneren, das für den Auftrieb sorgt und die Objekte am Himmel zum Leuchten bringt. Seit etwa 2007 ist diese Mode der "Glückslaternen" aus Asien auch in Mitteleuropa verbreitet, wenn sie auch teilweise wegen Brandgefahr wieder verboten wurden. Doch auch die Meldungen dieser "UFOs" gehen stark zurück, wie die *tz* am 21. Dezember 2009 berichtete. Auch sind Verweise auf UFO-Sichtungen in aller Welt, die eben keine Himmelslaternen zeigen, nicht unbedingt kritiklos zu übernehmen. In Zeiten des Internets und dank Portalen wie *Youtube* wimmelt es von vermeintlichen UFO-Sichtungen. Was nun dahintersteckt, ist unbekannt. Dazu kommt der Boom von Internetvideoportalen selbst. Dort kann jeder Hinz und Kunz Filmchen mit irgendwelchen Dingen am Himmel einstellen. Eine wissenschaftliche Untersuchung und Zeugenbefragung erfolgt dabei praktisch nie, vor allem nicht von den Skeptikern. Die steigende Flut von Benutzern und deren UFO-Filmchen bei Videoportalen suggeriert nun, dass es auch *mehr* echte UFOs im Sinne von Raumfahrzeugen der Aliens gibt. Also: Auch wenn Forschungen den Hintergrund des UFO-Phänomens meiner Meinung nach zu belegen scheinen, ist eine reale Zunahme der UFO-Sichtungen nicht zu verzeichnen.

Das gilt auch für das ebenso umstrittene Phänomen der Kornkreise, die ebenfalls zunehmen sollen, um uns auf 2012 vorzubereiten. Doch das *Gegenteil* ist der Fall: Diese prachtvollen Muster in Getreidefeldern, die seit Jahrzehnten vor allem im Süden Englands erscheinen, nehmen in den letzten Jahren sogar ab. Der Kornkreisexperte Andreas Müller hat dazu eine - von den UFO-Freunden offensichtlich übersehene - Statistik auf seiner sehr interessanten Webseite *kornkreis-forschung.de* veröffentlicht, auf die er mich hinwies. Es sind Auswertungen von Tausenden von Kornkreisen seit 1994, die das ICCA (The International Crop Circle Archive) jährlich zum Jahresende vorlegt. Diese Statistik belegt den Rückgang der gemeldeten Kornkreise in den letzten Jahren. Sie sagt jedoch nichts über die Herkunft der Muster. Auch Kornkreiskenner Andreas Müller enthält sich einer Interpretation des Phänomens.

Fälschungen von Menschen, die jedes Jahr angeblich zunehmen, von "echten Kornkreisen" zu unterscheiden, ist Aufgabe einiger sehr weniger Forscher. Diese sind Jahr für Jahr vor Ort in England und sicher, dass auch das Phänomen als solches einen "exotischen" Kern hat. Einige Kornkreise nun sollen sogar in ihren Mustern und Anordnungen konkret auf das Jahr 2012 verweisen, beispielsweise durch "Planetenkonstellationen" in den Mustern wie beim Kornkreis von Avebury Manor vom 15. Juli 2008. Kornkreisexperte und Autor Andreas Müller zum Thema: *"Es gab (...) einen Kornkreis, der in einer astronomischen Darstellung das 'magische Datum' 21.12.2012 eindeutig dargestellt hatte: Avebury Manor, 15. Juli 2008."*[93] Dieser wurde jedoch vor einer genaueren Untersuchung zerstört, wie Andreas Müller am 17. Juli 2008 berichtete. UFO-Freunde, die diese Muster meist nicht selbst vor Ort untersuchten, bejubeln diese Bilder als "Botschaften" und Vorbereitung auf 2012. Auch, um es noch einmal zu erwähnen, die Ankunft des Nibiru wurde angeblich schon in den Kornkreisen als "Botschaft" entdeckt. Und ein einschlägiges Esoterik-Forum hatte Ende 2009 bereits rund 20.000 Antworten zum Thema "Was passiert 2012?", in denen natürlich auch die Wiederkunft der Aliens und Nibirus diskutiert wurde. Doch bereits *1995* machte ich mir als Mitarbeiter des Magazins *News Scientific Times* in einem Artikel (Nr. 3/1995) genau darüber Gedanken. Es ging darum, ob die damals "Delphinogramme" genannten Kornkreise von 1991 als Hinweise auf Nibiru gedeutet werden können. Doch schon damals stellte ich in meinem Artikel zu Nibirus Rückkehr klar fest: *"(...) sonnennächster Punkt im Jahre 2800"*. Kornkreisexperte und Autor Andreas Müller zum Thema: *"Es gibt ja zahlreiche Kornkreise, die bereits in Richtung 2012 interpretiert wurden und werden. In den meisten Fällen sind diese Interpretationen jedoch sehr subjektiv bis fragwürdig, es muss meist sehr arg herumgerechnet und numerologisch getrickst werden, damit entsprechende Verhältnisse entstehen."*[94]

Dennoch tummeln sich bei *Youtube* Filme über Kornkreise und den Wandel 2012; auch das Thema Außerirdische wird rege diskutiert. Ein Film will uns dort zum Beispiel beweisen, dass die Außerirdischen über diese Muster mit uns kommunizieren, eine neue Menschheit und ihr Kommen verkünden und dass 2012 der Wandel kommt. Der Film *21.12.2012 Antwort + Botschaft der Aliens per Kornkreise Evolution DNA Hope Love* belegt dies angeblich eindrücklich. Wobei der Einsteller des Filmes auch sicher ist: “*Kornkreise öffnen uns Menschen die Augen in mathematischer, makro- und mikrokosmischer Sprache. Sie entstehen durch elektromagnetische Lichtpartikel und aus der Bündelung von Gedanken ... eine uns noch fremde Telepathie-Technologie ... Kornkreise zeigen uns Menschen ein neues Bewusstsein in Evolution und DNA-Wandel, recherchiert selbst und vertraut nur eurem Herzen.*”[95] Andere Filme auf *Youtube* verbreiten ebenso die Idee der Alien-Nachrichten aus dem All, die als Antwort auf eine Radiobotschaft der Menschheit von 1974 kommen und den baldigen Wandel beweisen sollen.

Kann das sein? Kornkreise als Botschaften an uns für 2012, die von Aliens kommen und den Wandel verkünden? Kaum, sage ich. Botschaften, die einer Vorbereitung der Menschheit dienen sollen (gleich worauf), werden sicher nicht in Kornkreisen zu finden sein. Warum sollten Aliens uns auf ihre Ankunft 2012 durch Muster in Kornfeldern vorbereiten, die man erst “decodieren” muss und die von der breiten Öffentlichkeit als *Hoax* angesehen werden? Gehen die vermeintlichen Nachrichten damit nicht am Empfänger, der Menschheit, vorbei? Und ist eine solche Zahlenspielerei bei den “Berechnungen” moderner Kornreise, die man zum Beispiel auf der Seite *cropcircleconnector.com* im Zusammenhang mit der Rückkehr des Quetzalcoatl findet, überhaupt zulässig? Ebenso ist folgende Überlegung nicht von der Hand zu weisen: Die Vielzahl der Kornkreis-Fälscher weiß ganz genau, was in der Esoterik- und UFO-Szene an Ideen gerade up to date ist. Sie kennen natürlich auch den Hype um 2012 mit allen damit zusammenhängenden Thesen. Ist es da nicht geradezu zu erwarten, dass diese Landschaftskünstler auf den Esoterik-Zug aufspringen und Kreise mit "2012-Codes" liefern? - Solange die "Echtheit" von Kornkreisen mit "codierten Botschaften" nicht belegt ist, sind diese leider wertlos. Und solange die Kornkreise als gefälscht gelten: Weshalb sollte man sich die Mühe machen, in von Menschen gefälschten Mustern Nachrichten finden zu wollen? Noch einmal: Ich vermute durchaus einen "exotischen Kern" hinter dem Phänomen, der *nicht* von Menschen gemacht ist, doch man sollte kritisch bleiben und die Thesen prüfen.

An dieser Stelle möchte ich noch einmal die wichtigsten Punkte zusammenfassen: Die vier Hauptaussagen in UFO-Internetforen, die ich immer wieder gefunden habe - die UFO-Sichtungen nehmen stark zu, die Kornkreise nehmen stark zu und verweisen auf 2012, die Medien und das Internet berichten immer mehr über UFOs (= mehr öffentliches Interesse) und der (offizielle) Kontakt steht bevor -, stimmen so nicht. Vor allem die letzte These ist ein jahrzehntealter Hut. Schon in den 50iger Jahren des letzten Jahrhunderts hieß es, dass es bald offiziell sein wird, dass die Außerirdischen hier sind. Fehlanzeige bis heute. Dennoch war sich im Dezember 2009 ein User eines durchaus interessanten Internetforums sicher - und er spricht damit vielen UFO-Freunden von heute aus der Seele: "*Also ich denke wirklich, dass da 2012 (kann auch sein etwas früher oder später sein) etwas auf uns zukommt und dass es die Wissenschaftler bereits wissen. Meiner Meinung nach gibt es zahlreiche Hinweise darauf, dass mit uns (den Menschen) etwas passieren wird - seien es die Pyramiden, die Kornkreise oder irgendwelche prähistorischen Funde wie der Maya-*

Kalender, die darauf hinweisen. Wir können es nur nicht verstehen, sind noch zu primitiv. Wir benutzen zwar Mikrochips und Computer und denken, dass wir sehr fortschrittlich sind, aber wenn man einmal bedenkt, dass z. B. die Maya vor drei- bis viertausend Jahren bereits Observatorien hatten, denke ich, dass wir nicht weit gekommen sind."[96]

Voller Euphorie stürzten sich die UFO-Fans zum Beispiel im November 2009 auch auf ein Internetgerücht. Es hieß damals, dass der neue US-Präsident Barack Obama am 27. November 2009 eine sensationelle Rede über Außerirdische halten werde. Das Internet überschlug sich mit Meldungen, Spekulationen und Diskussionen darüber. Es wurde gesagt, dass der Präsident *offiziell* in seiner weltweit übertragenen Rede sagen werde, dass die USA Kontakt zu sechs verschiedenen Rassen von Außerirdischen hat, diese Wesen hier sind und vieles mehr. Es dauerte nur einen Augenblick, und diese angeblich bevorstehende Rede wurde sogleich mit 2012 verknüpft. Eben als Teil der Vorbereitung. Eingeworfen: Nach dem Buch *2012 - Die große Zeitenwende* von Birgit Feliz Carrasco (2009) ist Obama nach der Zeitenwende wohl der neue Weltherrscher.

Doch was war mit der Ankündigung? Größtenteils wurde die Quelle des Internetgerüchtes leider nicht recherchiert, doch es sind offenbar die Grenzwissenschaftler David Wilcock und Bill Ryan, die sich dabei auf Dr. Pete Peterson beriefen. Und diese drei Männer gehören zum *Project Camelot*, das wir schon im Zusammenhang mit den angeblichen Bunkern der norwegischen Regierung kennen gelernt haben. Der Informant von Dr. Peterson war - wie meistens bei solchen Aussagen - anonym. Anfragen in Washington D.C. und bei den Fernsehanstalten ARD und ZDF bezüglich einer Rede des Präsidenten, die bald ausgestrahlt werden soll, ergaben schon lange vor dem 27. November, dass eine solche Rede *nicht* stattfinden wird. Viele übersahen diese

Fakten, und ich wurde in Diskussionen zum Thema deshalb als "Besserwisser" etc. beschimpft, als ich auf diesen Umstand hinwies. Natürlich haben UFO-Freunde nach dem 27. November 2009 und der nicht stattgefundenen Rede im Internet reagiert. Einige sind nun sicher, die Rede des Präsidenten ist nur verschoben worden: "*Wie dem auch sei, nun heißt es jedenfalls aus gut unterrichteten Kreisen, genauer gesagt nach Informationen des einzigen in Washington registrierten UFO-Lobbyisten Stephen Bassett, dass Obama dieses Jahr der Welt die Wahrheit über den Kontakt zu außerirdischen Wesen verkünden wird.*"[97] Schön wäre es schon - und auch ich würde mich freuen ... Doch wie oft hörte ich schon solche Ankündigungen?! Beispielsweise im August 2004, als verkündet wurde: Die Aliens zeigen sich im November oder Dezember 2004 offen der Menschheit.

Die meisten Anhänger der "Ancient-Aliens-Theorie" bleiben gelassen. Deren Meinung nach waren die Außerirdischen so oder so *immer* hier auf Erden. Sie verließen nicht einfach vor Jahrtausenden die Erde, wie es Zecharia Sitchin zum Beispiel glaubt, sondern waren dauerhaft bis heute anwesend. Der UFO-Forscher Dr. Johannes Fiebag ist einer der prominenten Vertreter dieser Idee gewesen. Dr. Fiebag hat zum Beispiel in seinem umstrittenen Buch *Die Anderen* (1993) versucht zu belegen, dass auch im Mittelalter unterschiedliche Berichte auf die Anwesenheit der Fremden aus dem All hindeuten könnten. Auch der Astronom und UFO-Forscher Dr. Jacques F. Valleé interpretierte Berichte von fremden Wesen des Mittelalters in dieser Richtung (zum Beispiel in *Passport to Magonia*, 1969). Der UFO-Forscher und Physiker Illobrand von Ludwiger von der UFO-Forschergruppe *MUFON-CES* (UFO Network - Central European Society) und andere Autoren teilen diese Thesen, dass wir immer Besuch von "*fremden Wesen*" hatten. Und der Autor Michael Appel ist in seinem gleichnamigen Buch von 1994 sicher: "*Sie waren nie fort.*"

Erich von Däniken ist davon überzeugt, dass die "Astronautengötter" hier auf Erden waren. Weiter ist er sicher, dass die Außerirdischen unseren Ahnen das Versprechen gaben, dass sie eines fernen Tages wieder auf die Erde kommen werden. Dabei beruft er sich auf entsprechende Mythologien, in denen es heißt, die Götter des Himmels hätten das gesagt. *"Der Jüngste Tag hat längst begonnen"*, ist sich von Däniken schon in seinem gleichnamigen Buch von 1995 sicher, in dem er die Mythen analysiert, die auf das Versprechen der Götter wiederzukommen schließen lassen. In seinem Bestseller *Der Götterschock* (1992) entwirft von Däniken diesbezüglich einige sehr interessante Thesen. Denn hier hat der Autor erstmals auch das Thema der UFOs im Sinne von Fahrzeugen der Götter der Vergangenheit behandelt. Was wäre also, wenn die Aliens kommen würden? In seinem Buch *Der Tag, an dem die Götter kamen* (1984) indes spekuliert von Däniken bereits vor 25 Jahren über Außerirdische in Mittelamerika - eben bei den Maya und damit für uns von Interesse. Der 11. August 3114 vor Christus, für von Däniken damals der Start des Mayakalenders, sei dieser Tag der Ankunft der Fremden bei den Maya - auch wenn es natürlich Überlieferungen und Berechnungen gibt, die von Göttern der Maya sprechen, die schon *vor* dem Start des Mayakalenders existierten. Irgendwann also vor rund 5300 Jahren - wir kennen den Beginn des Kalenders nicht mit absoluter Sicherheit - waren diesen Thesen zufolge die Astronauten aus dem All in Zentralamerika. Erich von Däniken hat vor 25 Jahren jedoch nicht in die Zukunft geblickt, denn 2012 findet keine Erwähnung in seinem Buch.

Erst in den letzten Jahren haben von Däniken und eine Reihe von Prä-Astronautikern das Jahr 2012 entdeckt. Von Däniken sprach in einer Vielzahl von Vorträgen und Interviews darüber und legte Ende 2009 sein interessantes Buch *Götterdämmerung* vor. Darin geht es auf einigen wenigen Seiten auch um die Rückkehr der Außerirdischen im Jahre 2012. Auch die Mythologie um den Gott Bolon Yokte findet natürlich Erwähnung. Doch der "Vater der Prä-Astronautik" gibt auf ganzer Linie Entwarnung: Seiner Überzeugung nach kommen die Aliens zwar eines Tages wieder - aber mit Sicherheit *nicht* im Jahre 2012. Der Bestsellerautor ist ebenso wie ich davon überzeugt, dass 2012 ein eher schwammiges Datum ist. Denn es ist eben bis heute schlicht und einfach nicht bewiesen, dass der Long Count (13-Baktun-Zyklus) der drei Mayakalender 2012 resetet wird. Folgerichtig ist auch die kleine Inschrift über Bolon Yokte nicht sicher mit unserem Jahr 2012 in Zusammenhang zu bringen. Das sind Fakten. Von Däniken im Interview mit dem *Südkurier* am 25. Juli 2009 auf die Frage, ob die Götter 2012 kommen: "*2012 ist für mich keine sichere Zahl. Das ist wie ein Gummiband. Sicher ist für mich: Sie werden irgendwann wiederkommen, die sogenannten Götter. Und darauf bin ich selbstverständlich vorbereitet. Ich freue mich sogar darauf.*"[98] Damit stellt von Däniken auch die Meldung von *Bild online* vom 7. August 2006 ad absurdum, in der er gesagt haben soll, am 21. Dezember 2012 landen die Aliens am Kölner Dom ... Kritiker, die offensichtlich keine Ahnung von der Materie haben, legen von Däniken permanent die Worte in den Mund, dass 2012 die Außerirdischen kommen werden. Gründliche Recherche oder eine Auseinandersetzung mit der Prä-Astronautik gibt es nicht, sie plappern stattdessen Unsinn nach - wissen aber nichts. Und so schrieb Erich von Däniken schon Anfang 2000 (!), also zwölf Jahre vor dem "Jahr der Wende", Folgendes zum Maya-Kalender, zum Jahr 2012 und Ähnlichem im Editorial des Magazins *Sagenhafte Zeiten*: "*Nur eben: Auf die Jahreszahl ist kein Verlass, weil wir nicht wissen, ob unsere Zählerei korrekt ist.*"[99]

Es spricht also (leider) bis heute nichts für die Rückkehr der Außerirdischen der Vergangenheit oder für die Landung irgendwelcher UFO-Aliens im Jahre 2012. Kein angeblicher Hinweis auf ein derart epochales Ereignis für die gesamte Menschheit hält einer genaueren Betrachtung stand. Das bedeutet aber nicht, dass wir 2012 zum Thema "Aliens" nichts Neues erfahren werden. Vielleicht finden wir die ersehnte Erde II im Universum, zum Beispiel durch die hervorragende NASA-Mission mit dem Weltraumteleskop *Kepler*, die am 7. März 2009 gestartet wurde. Aufgabe des 600-Millionen-US-Dollar-Projektes ist allein die Suche nach anderen Planeten im Universum. Dabei konzentrieren sich die Forscher der NASA auf über 100.000 Sterne im Sternbild des Schwans und vor allem auf den Nachweis einer bewohnbaren Erde II im All, einem Planeten wie die Erde, auf dem wir leben könnten. Am 4. Januar 2010 meldete indes William Borucki, der verantwortliche Wissenschaftler der NASA-Mission, bei einer Konferenz der *American Astronomical Society* den Nachweis der ersten fünf Exoplaneten (Gasriesen) durch *Kepler*. Es ist jedoch auch denkbar, dass das Projekt SETI (Search for Extraterrestrial Intelligence) den Beweis für intelligente Außerirdische 2012 liefert. Seit der Astronom Professor Frank Drake 1960 mit *Project Ozma* SETI ins Leben rief, suchen Radioastronomen emsig nach intelligenten Radiosignalen aus dem All, die von außerirdischen Völkern stammen. Tausende bis sogar Millionen außerirdische Zivilisationen soll es nach unterschiedlichen Berechnungen der Astronomen allein in unserer Milchstraße geben. Fündig wurden sie bisher nicht. Leider. Werden sie es 2012? Ist das die "Wende"? Oder wissen die Aliens durch die Aussendung von Radiostrahlen von der Erde schon lange, dass wir existieren? Kommen sie plötzlich zur Erde und lösen den unvermeindlichen Schock aus, wie es der berühmte Physiker Professor Michio Kaku zum Beispiel öfter mutmaßte? Denn Kritiker sagen, wir sollten lieber keine

Radiosignale ins All senden - wir wissen nicht, ob die Außerirdischen friedlich sind! Oder hat Erich von Däniken ebenso Recht, wenn er von einem "Götterschock" in seinem gleichnamigen Buch spricht? Auch ich bin überzeugt davon, dass die Ankunft der Aliens oder deren Nachweis einen Schock auslösen würde - auch wenn einige Skeptiker das nicht wahrhaben wollen.

Der Beweis für außerirdisches Leben wird kommen, doch all diese Überlegungen haben mit dem Volk der Maya und dem "Jahr der Wende" natürlich nichts zu tun. Ich habe keine Ahnung, wann Erde II gefunden werden wird, und ebenso wenig weiß ich oder jemand anders, wann und ob SETI den Beweis für intelligente Außerirdische liefert. Abschließend bleibt daher nur zu sagen: Wir sollten 2012 nicht auf irgendwelche "Götter" oder Außerirdische warten. Die Faktenlage lässt solche Erwartungen leider nicht zu.

Nachwort

Das Ergebnis meiner Recherchen zum Thema 2012 ist niederschmetternd: Nichts, aber auch wirklich *nichts*, was rund um das Jahr 2012 auf Millionen von Webseiten und in Tausenden von Artikeln und Büchern verbreitet wird, hat wirklich Hand und Fuß. Um mich selbst zu zitieren: "Die Esoterik und Grenzwissenschaft hat wie ein Krake gierig die Tentakel nach allen Themen rund um 2012 ausgestreckt."

Das ist eine Tatsache. Fakt ist auch, dass die alten Maya überhaupt keine Prophezeiung für das Jahr 2012 bzw. für das "Ende" ihres Kalenders abgegeben haben; 2012 beginnt der Maya-Kalender lediglich mit einem neuen Zyklus. Auch alle weiteren 2012-Interpretationen, von Nibiru über den Bewusstseinswandel bis hin zum Weltuntergang, sind *erfunden* worden. Selbst die Ankündigung eines spirituellen Wandels ist meiner Meinung nach größtenteils Geldmacherei. Schon für 1999/2000 wurde er angekündigt, und in Zukunft werden wir es wieder erleben. Allein bei 2012 ist der Boom ungleich größer, da eben die uralte Zivilisation der Maya den Dezember 2012 in ihrem Kalender fixiert hat. Man denke sich: von einer Hochkultur übermittelt. Wenn das mal nicht Grund genug ist, daran zu glauben!

Alles in allem: Der Boom rund um das "Jahr des Schicksals" ist größtenteils Geldmacherei. Inzwischen hat sich das Thema 2012 sogar verselbstständigt, und wöchentlich kommen Millionen von neuen

Seiten im Internet hinzu. 2013 wird sich dies abrupt ändern, und die Jahre nach 2012 werden meine Behauptung beweisen, dass nichts dran ist an den Prophezeiungen zu 2012.

Ich lehne die Esoterik *nicht* generell als "Teufelszeug" ab, doch zumindest Teilgebiete davon, wie ein Besuch auf jeder Esoterikmesse beweist, müssen als pure Geldmacherei aussortiert werden. Ich beschäftige mich selbst seit Jahrzehnten mit der Grenzwissenschaft und den ungelösten Rätseln der Welt, was Hunderte von Artikelveröffentlichungen und zahlreiche Bücher zu grenzwissenschaftlichen Themen beweisen. Auch wenn ich einiges davon inzwischen distanzierter betrachte, bin ich nach wie vor von diesen Ideen überzeugt. Doch ich lehne den Mythos rund um 2012 rundweg als Unfug ab. Meine Recherchen belegen eindeutig, dass Europäer und Nordamerikaner das Maya-Jahr 2012 aus Profitgier für sich entdeckten, hier wird ein markantes Datum eines versunkenen mysteriösen Volkes für individuelle Zwecke benutzt. Mehr nicht. Heiliger Kukulcán! Was ist nicht alles in Umlauf gebracht worden. Und dabei wissen wir, wie wir gesehen haben, heute noch nicht einmal, ob das Jahr 2012 unseres Kalenders überhaupt das Ende des Kalender-Zyklus' der Maya ist ...

Ich werde den 21. Dezember 2012 und die Tage danach gemütlich verbringen. Wohl ebenso locker wie die Millionen von 2012-Promotern, die, wenn denn nichts geschehen wird (wie 2000), plötzlich verstummen und sang- und klanglos in der Versenkung verschwinden werden. Oder aber wir werden von denselben Vertretern mit wortreichen Erklärungen überflutet werden, warum der Untergang überhaupt nicht kommen konnte. Schon Papst Sylvester II. (950-1003) war diesbezüglich geschickt, als der von ihm prophezeite Weltuntergang am 31. Dezember 999 nicht eintrat. Massenpaniken seien damals angeblich die Folge gewesen. Doch der Papst behauptete im Jahr 1000, er habe durch Gebete das Ende abgewendet. Verschwörungstheoretiker finden auch immer billige

Ausreden für ihre Fehlprognosen - bis sie zum nächsten "Schicksalsjahr" oder "Jahr des Wandels", das sicher irgendwann gefunden wird, wieder da sind.

Vielleicht 2060, wenn nach Isaac Newton der Weltuntergang kommen soll. Oder die Berechnungen von Dr. Fuls zum Kalender werden herangezogen, womit ein Bewusstseinssprung in 200 Jahren verbunden werden kann. Oder der Maya-Kalender wird aufgrund eines anderen Startjahres umdatiert, vielleicht auf das Ende 2015, wie es schon 1981 Henri Stierlin (und andere) schrieb. Oder auf das Jahr 9898, da keine Maya-Inschrift über dieses Jahr hinausweist. Oder Nostradamus wird mal wieder "entschlüsselt" und mit dem Jahr XY verwoben. Oder die Zeugen Jehovas prophezeien ein x-beliebiges Enddatum, wie sie es schon für die Jahre 1874, 1878, 1881, 1910, 1914, 1918, 1925, 1975, 1984 und 1993 taten. Oder der Autor Michael Drosnin, der Erfinder des "Bibelcodes", findet in der Thora mal wieder ein Datum für das Ende.[100] Oder, oder, oder ...

Ich prophezeie, dass ein Jahr gefunden werden wird. Dann bin auch ich - wenn ich noch lebe - wieder da ... versprochen.

Bis dahin also,

Ihr Lars Fischinger

Kairo im Februar 2010

Danksagung

Für die Hilfe bei den Recherchen, den Diskussionen, der Beschaffung von Bildmaterial usw. zu diesem Buch möchte ich mich an dieser Stelle bedanken. Vor allem sind zu nennen: Alexander Knörr, André Kramer, Andreas Müller, Armin Risi, Attila László Kertész, Borbála Péterné, Cecile Paris, Central European University/Department of History (Budapest), Clemens Struffert, Department of Anthropology at Harvard University (Cambridge), "Die Tageszeitung", Dr. Ákos Utazási, Dr. Andreas Fuls, Dr. Antje Gunsenheimer, Dr. Florian Freistetter, Dr. h. c. Erich von Däniken, Dr. József Török, Dr. Lasló Utazási, Dr. Thomas Haffner, Eötvös Loránd University (Budapest), Institut für Altamerikanistik und Ethnologie der Universität Bonn, Iris Scharfenberger-Roth, Jörg Boer, Karin Nagy, Kurt-J. Heering, Luc Bürgin, Magyar Felsöoktatási Levéltári Szövetség, Maik Hurtonyné, Mario "Ossi" Ringmann, Mario Krygier, Marius Kettmann, Michael Hesemann, NASA, Nina Thier, Peabody Museum of Archaeology and Ethnology at Harvard University (Cambridge), Peter Fiebag, Petra Frey, P. Faragó, Professor Dr. Nikolai Grube, Ralph Götzinger, Reinhard Habeck, Roland G., Roland M. Horn, Roland Roth, Ronja Pal, Sächsische Landesbibliothek/Staats- und Universitätsbibliothek Dresden, Silke Fischinger, "Spektrum der Wissenschaft", Uafa Karani, Vicki Andersen und Walter-Jörg Langbein.

Ein besonderes Dankeschön geht an Sonja Ampssler, Maik Hurtonyné und die Familie Fischinger. Ebenfalls danken möchte ich dem freundlichen Team vom Verlag *Die Silberschnur*, namentlich Sabine Schüller, Dr. Peter Schmidt und Stefan Huber, für die erneut gute Zusammenarbeit. Und last, but not least danke ich allen internationalen 2012-Esoterikern und -Verschwörungstheoretikern, obwohl sie mir leider *permanent* Antworten auf meine Fragen schuldig blieben ...

Weiterführende und verwendete Literatur

Aaronson, Marc & Olszewski, Ed. W.: *Optical counterparts of unidentified IRAS point sources: infrared luminous galaxies*. In: Nature, Vol. 309, Nr. 5/1984, 31. Mai 1984

Aguilar, Davit A. & Pulliam, Christine: *Astronomers Find Super-Earth Using Amateur, Off-the-Shelf Technology*. Harvard-Smithsonian Center for Astrophysics am 16. Dezember 2009 unter http://www.cfa.harvard.edu/news/2009/pr200924.html

Albert, Attila: *2012 - Menschheit soll in Raumschiffen fliehen*. Bild online am 15. September 2009 unter http://www.bild.de/BILD/news/mystery-themen/2009/06/weltuntergang-2012/maya-kalender-2012-weltraum.html

Albert, Attila: *Fliegende Pyramide über dem Kreml gefilmt?* Bild online am 18. Dezember 2009 unter http://www.bild.de/BILD/news/mystery-themen/2009/12/ufo-ueber-moskau/alien-raumschiff-ueber-kreml.html

Albert, Attila: *Inferno 2012 - Was ist dran am unheimlichen Maya-Kalender?* Bild online am 12. November 2009 unter http://www.bild.de/BILD/news/mystery-themen/2009/11/2012-kino-film-emmerich/was-ist-dran-am-maya-kalender.html

Anderhub, Werner & Müller, Andreas: *Phänomen Kornkreise*. Baden/München 2005

Atwater, P. M. H.: *Indigo-Kinder und die neue Zeit ab 2012*. Stuttgart 2007

Aveni, Anthony: *Apocalypse Soon? What the Maya calendar really tells us about 2012 and the end of time*. In: Archaeology Nr. 6/2009 (November/Dezember)

Aveni, Anthony: *The End Time: The Maya Mystery of 2012*. Boulder 2009

Bilgeri, Doris: *2012/2013. Das Jüngste Gericht*. Frankfurt am Main 2008

Bischoff, Michael: *Erich von Däniken: Außerirdische landen am Kölner Dom*. Bild online am 7. August 2006 unter http://www.bild.de/BTO/news/aktuell/2006/08/07/ufo-landung-koeln/ufo-landung-koeln.html

Braden, Gregg: *Das Erwachen der neuen Erde*. Emmendingen 2009

Britt, Robert Roy: *Powerful Solar Storm Could Shut Down U.S. for Month*. News vom 9. Januar 2009 unter http://www.foxnews.com/story/0,2933,478024,00.html

Broers, Dieter: *(R)Evolution 2012*. Berlin/München 2009

Broers, Dieter: *Telefoninterview mit 2012-blog*. (Ohne Datum) unter http://2012-interviews.2012-blog.de/dieter-broers-2012-interview/

Brown, Dwayne: *NASA-Funded Study Reveals Hazards of Severe Space Weather*. NASA vom 1. Mai 2009 unter http://www.nasa.gov/topics/solarsystem/features/spaceweather_hazard.html

Calleman, Carl Johan: *Das Tortuguero-Monument 6 und das Enddatum der Maya*. Seattle, 19. August 2009 unter ttp://www.calleman.com/content/articles/deutsch/Das_Tortuguero_Monument.pdf

Calleman, Carl Johan: *Why the Creation Cycles do not end December 21 2012, but October 28, 2011*. (ohne Datum) unter http://www.calleman.com/content/articles/end_of_creationcycles.htm

Carroll, Lee, Kenyon, Tim, Sion, Judi & Cori, Patricia (Hrsg. von Martine Valleé): *2012 - Die große Veränderung*. Hanau 2009

Carroll, Lee & Tober, Jahn: *Die Indigo-Kinder*. München 1999

Carroll, Lee & Tober, Jahn: *Indigo-Kinder erzählen*. München 2001

Cassidy, Kerry: *"Der Kontakt mit Außerirdischen von Angesicht zu Angesicht wird momentan weltweit vorbereitet."* Interview mit Clifford Stone. In: UFO-Nachrichten Nr. 405 (1/2010)

Committee on Planetary and Lunar Exploration, National Research Council (Hrsg.): *A Science Strategy for the Exploration of Europa*. 1999 / downloadbar unter http://www.nap.edu.catalog/9451.html

Committee on the Societal and Economic Impacts of Severe Space Weather Events: A Workshop, National Research Council (Hrg.): *Severe Space Weather Events - Understanding Societal and Economic Impacts: A Workshop Report*. Washington D.C. 2008

Cooper, Diana: *2012 and Beyond*. Forres 2009

Cordier, Daniel, Mousis, Oliver, Lunine, Jonathan I., Lavvas, Panayotis & Vuitton, Véronique: *An Estimate of the Chemical Composition of Titan's Lakes*. The Astrophysical Journal Letters, Vol. 707, Number 2, 2009

Crevoisier, Léonie: *Trübt die Sonne unsere Laune?* In: Mysteries Nr. 1/2010

Dambeck, Thorsten: *Komet strahlt 500.000-mal heller*. Spiegel online am 26. Oktober 2007 unter http://www.spiegel.de/wissenschaft/weltall/0,1518,513765,00.html

Däniken, Erich von: *2012 - Die Rückkehr der Götter?* In: Sagenhafte Zeiten Nr. 3/2009

Däniken, Erich von: *Der Götter-Schock*. München 1992

Däniken, Erich von: *Der Jüngste Tag hat längst begonnen*. München 1985

Däniken, Erich von: *Der Tag, an dem die Götter kamen*. München o. J.

Däniken, Erich von: *Editorial*. In: Sagenhafte Zeiten Nr. 1/2000

Däniken, Erich von: *Götterdämmerung*. Rottenburg 2009

Davies, John K.: *The first decadal review of the Edgeworth-Kuiper belt*. Dordrecht 2004

Davies, Nigel: *Die Azteken*. Düsseldorf 1974

Davies, Nigel: *Die versunkenen Königreiche Mexikos*. Gütersloh o. J.

Defesche, Sacha: *The 2012 Phenomenon: A historical and typological approach to a modern apocalyptic mythology*. *Skepsis*, 17. Juni 2008 unter http://www.skepsis.no/articles_in_english/the_2012_phenomenon.html

Deiters, Stefan: *NASA-Sonde findet erste fünf Exoplaneten*. Astronews vom 5. Januar 2010 unter http://www.astronews.com/news/artikel/2010/01/1001-002.shtml

Dewald, Ulrich: *Warum noch keine Außerirdischen gesehen wurden*. Die Welt am 15. Januar 2009 unter http://www.welt.de/wissenschaft/weltraum/article5856782/Warum-noch-keine-Ausserirdischen-gesehen-wurden.html#vote_4520355

Dimde, Manfred: *Apokalypse 2011*. München 2006

Dimde, Manfred: *Nostradamus 2010*. München 2009

Eberl, Markus & Prager, Christian: *B'olon Yokte' K'uh Maya conceptions of war, conflict, and the underworld*. In: Bar international Series 1385, 2005 unter http://direct.bl.uk/bld/PlaceOrder.do?UIN=171649273 &ETOC=RN&from=searchengine

Erni, Stéphanie: *Rückkehr der Götter*. In: Mysteries Nr. 5/2008

Fiebag, Johannes: *Die Anderen*. München 1993

Fiebag, Peter: *Der Götterplan*. München 1995

Fischinger, Lars A. & Horn, Roland M.: *UFO-Sekten*. Rastatt 1999

Fischinger, Lars A.: *Göttliche Zeiten*. Münster 1996

Fischinger, Lars A.: *Historia Mystica*. München 2009

Fischinger, Lars A.: *Neue Indizien für Zecharia Sitchins 10ten Planeten in Korn und alter Kunst?* In: New Scientific Times, Nr. 3/1995

Freistetter, Florian: *Weltuntergang am 21. 12. 2012?* Focus online 2. Februar 2009 unter http://www.focus.de/wissen/wissenschaft/astronomie/tid-13262/esoterik-vs-wissenschaft-weltuntergang-am-21-12-2012_aid_366722.html

Fuls, Andreas: *Die astronomische Datierung der klassischen Mayakultur (500-1100 n. Chr.): Implikationen einer um 208 Jahre verschobenen Mayachronologie*. Norderstedt 2007

Gaulden, Albert C.: *Geistwende*. München 1997

Gilbert, Adrian & Cotterell, Maurice: *Die Prophezeiungen der Maya*. Düsseldorf/München 1998

Gilbert, Adrian: *21. Dezember 2012*. Rottenburg 2007

Grigorias, Vanessa: *Daniel Pinchbeck an the New Psychedelic Elite*. Rolling Stone, 7. September 2006 unter http://www.rollingstone.com/politics/story/11217201/daniel_pinchbeck_and_the_new_psychedelic_elite

Gritsch, Joachim: *2012 - Planet X - und die Bedeutung der Cheops-Pyramide*. Online-Vortrag bei Alpenparlamant.tv 1. November 2009 unter http://www.alpenparlament.tv/index.php?option=com_content&view=article&id=116:2012-planet-x-und-die-bedeutung-der-cheops-pyramide&catid=37:liste-der-videoaufzeichnung&Itemid=57

Grube, Nikolai, Eggebrecht, Eva & Seidel, Matthias: *Gottkönige im Regenwald*. Schorndorf 2000

Grube, Nikolai: *Vorläufig kein Weltuntergang*. In: Abenteuer Archäologie Nr. 1/2004

Guiard, Volker: *Die seltsame Welt des Nostradamus-Deuters Manfred Dimde*. In: *Endzeittaumel*, hrsg. von Shermer, Michael, Maidhof-Christig, Benno & Traynor, Lee. Aschaffenburg 1998

Gunsenheimer, Antje: *Geschichtstradierung in den yukatekischen Chilam Balam-Büchern: Eine Analyse der Herkunft und Entwicklung ausgewählter historischer Berichte*. Bonn 2002 / einsehbar unter http://hss.ulb.uni-bonn.de/diss_online/phil_fak/2002/gunsenheimer_antje/0028.pdf

Hapgood, Charles: *Maps of the Ancient Sea Kings*. New York 1965

Harder, Bernd: *Nostradamus und 2012*. GWUP/Die Skeptiker online am 26. Oktober 2009 unter http://blog.gwup.net/2009/10/26/nostradamus-und-2012/

Harder, Bernd: *Stimmt es, dass die geheimnisvollen Kristallschädel von den Maya stammen?* In: Skeptiker Nr. 2/2008

Haug, Gerald H. & Peterson, Larry C.: *150 Jahre Trockenheit*. In: *Spektrum der Wissenschaft*, Januar 2006

Haug, Gerald H. u. a.: *Climate and the Collapse of Maya Civilization*. In: Science, Nr. 14, März 2003, Vol. 299, No. 5613

Hawranke, Nina: *Planet X - Zerstörer aus dem All*. Suite101.de am 25. September 2008 unter http://parawissenschaften.suite101.de/article.cfm/planet_x_zerstoerer_aus_dem_all

Heering, Kurt-J. & Müller, Jo: *Apokalypse 2012*. Wien 2009

Hehenkamp, Carolina: *Das Indigo-Phänomen: Kinder einer neuen Zeit*. Darmstadt 2006

Helfricht, Jürgen: *Das Dresdner Buch zum Weltuntergang*. Bild online vom 11. November 2009 unter http://www.bild.de/BILD/regional/dresden/aktuell/ 2009/11/11/maya-prophezeiung-dresdner-buch/zum-weltuntergang-2012.html

Helfritz, Hans: *Die alten Kulturen der Neuen Welt*. Wien o. J.

Heyerdahl, Thor: *Expedition Ra*. Gütersloh & Wien 1971

Holey, Johannes: *Bis zum Jahr 2012*. Fichtenau 2000

Holey, Johannes: *Der Film 2012: Panikmache oder Aufwecker?* In: UFO-Nachrichten Nr. 405 (1/2010)

Holey, Johannes: *Der Jesus Code*. Fichtenau 2007

Holey, Johannes: *Jesus 2000, das Friedensreich naht*. Fichtenau 1997

Horn, Roland M.: *2000*. Wien 1998

Horn, Roland M.: *Apokalyptische Endzeit*. Leipzig 2009

Horn, Roland M.: *Atlantis*. Grafing 2009

Jenkins, John Major & McKenna, Terence: *Maya Cosmogenesis 2012*. Rochester 1998

Jenkins, John Major: *Comments on the 2012 text on Tortuguero Monument 6 and Bolon Yokte K'u*. (12. Mai 2006) unter http://edj.net/mc2012/bolon-yokte.html

Jones, Marie D.: *2013: The End of Days or a New Beginning*. Franklin Lakes 2008

Jones, Marie D.: *Die Welt nach 2012*. München 2008

Joseph, Lawrence E.: *Apokalypse 2012*. New York 2008

Kayser, Rainer: Kepler: *Die Suche nach Planeten beginnt*. Wissenschaft aktuell am 14. Mai 2009 unter http://www.wissenschaft-aktuell.de/artikel/Kepler__Die_Suche_nach_Planeten_beginnt_1771015586005.html

Kehse, Ute: *Auf der Suche nach Erde zwei*. Frankfurter Rundschau am 15. Dezember 2009 unter http://www.fr-online.de/in_und_ausland/wissen_und_bildung/aktuell/2143180_Exoplaneten-Auf-der-Suche-nach-Erde-zwei.html

Kilgannon, Corey: *Origin of the Species, From an Alien View*. In: The New York Times vom 10. Januar 2010

Kin, Nah: *2012*. München 2009

Köhler, Nils: *"Sie werden irgendwann wiederkommen"* / Interview mit Erich von Däniken. Südkurier, 25. Juli 2009 unter http://www.suedkurier.de/news/brennpunkte/politik/Daeniken-Erich-von-Aliens-Ausserirdische-Maya-Kalender-Interlaken;art410924,3873334

Kramer, André: *Der Maya-Kalender*. Mysteria3000 (ohne Datum) unter http://www.mysteria3000.de/wp/?p=228

Kramer, André: Quetzalcoatl und Cortes – über die Legende von den weißen Göttern und die Herkunft der bedeutungsvollsten Gottheit Mittelamerikas. Mysteria3000 (ohne Datum) unter http://www.mysteria3000.de/wp/?p=609#_ftn39

Kretzschmar, Ute: *2012 und danach*. Seeon 2009

Kretzschmar, Ute: *Der Aufstieg der Erde 2012 in die fünfte Dimension*. Seeon 2002

Krickeberg, Walter: *Altmexikanische Kulturen*. Berlin 1971

Krone, Lothar: *Über den Sprung in die fünfte Dimension*. Märkische Allgemeine vom 8. Januar 2010 unter http://www.maerkischeallgemeine.de/cms/beitrag/11699526/60709/Ueber-den-Sprung-in-die-fuenfte-Dimension-Im.html#

Krusche, Rolf (Hrsg.): *Schrift und Buchmalerei der Maya-Indianer. 24 Tafeln aus dem Codex Dresdensis*. Leipzig 1965

Krusche, Rolf: *Die Maya-Handschrift Codes Dresdensis*. Frankfurt am Main 1966

Krygier, Mario & Rohark, Jens: *Faszination 2012*. Magdeburg 2008

Krygier, Mario: *Faszination Mayaland*. Magdeburg 2009

Krygier, Mario: *Weltuntergang 2012*. In: Skeptiker, Nr. 1/2009

Landa, Diego de (Hrsg. Carlos Rincón): *Bericht aus Yucatán*. Leipzig 1993

Langbein, Walter-Jörg: *2012 - Endzeit und Neuanfang*. München 2009

Langbein, Walter-Jörg: *Telefoninterview mit 2012-Blog*. (Ohne Datum) unter http://2012-interviews.2012-blog.de/walter-joerg-langbein/

Le Plongeon, Augustus: *Queen Móo and the Egyptian sphinx*. New York 1896

Le Plongeon, Augustus: *Sacred mysteries among the Mayas and the Quiches, 11,500 years ago. Their relation to the sacred mysteries of Egypt, Greece, Chaldea and India. Free masonry in times anterior to the temple of Solomon*. York 1886

León-Portilla, Miguel & Heuer, Renate: *Rückkehr der Götter*. Frankfurt am Main 1986

Lloyd, Andy: *The Dark Star*. Santa Barbara 2005

Lurker, Manfred: *Lexikon der Götter und Dämonen*. Stuttgart 1989

M., Holger: *Staatsanwaltschaft München I ermittelt gegen Esowatch.com*. Online-Artikel.de am 21. August 2008 unter http://www.online-artikel.de/article/staatsanwaltschaft-muenchen-i-ermittelt-gegen-esowatchcom-8510-1.html

Makemson, Maud Worcester: *The Book of the Jaguar Priest: A Translation of the Book of Chilam Balam of Tizimin with Commentary*. New York 1951

Makemson, Maud Worcester: *The Maya Kalender*. In: Publications of the Astronomical Society of the Pacific, Vol. 59, Nr. 346 (1947)

Marciniak, Barbara: *Die Lichtfamilie. Lehren für die kommenden Jahre bis 2012*. Darmstadt 2004

Marrison, David: *Nibiru and Doomsday 2012: Questions and Answers*. 1. Juni 2009 unter http://astrobiology.nasa.gov/ask-an-astrobiologist/intro/nibiru-and-doomsday-2012-questions-and-answers

Martinez, Pio: *Der Maya-Kalender 2000*. München 1999

Marzahn. Joachim: *Zur "sumerischen Sternkarte" des Vorderasiatischen Museums*. In: Sterne und Weltraum, Nr. 7/1995

Masters, Marshall: *Interview mit dem Magazin "NEXUS"* (ohne Datum) unter http://www.nexus-magazin.de/artikel/lesen/interview-mit-planet-x-forscher-marshall-masters?context=category&category=12

Mayer, Doris: *Quetzalcoatl, der Gott, der Mensch, das Mysterium*. In: Abenteuer Philosophie, Nr. 90 / 2. Mai 2006 unter http://www.neueakropolis.de/index.php?option=com_content&task=view&id=167&Itemid=120

Meier, Billy: *Weitere Antwort auf ängstliche Anfragen bezüglich des Maya-Kalenders und des 21. Dezember 2012 / Auszug aus dem 479. Kontaktgespräch vom 5. September 2009*. F.I.G.U Sonder-Bulletin Nr. 50 unter http://www.figu.org/ch/verein/periodika/sonder-bulletin/2009/nr-50/maya-kalender?page=0%2C0

Meier, Gernot: *"Und die Götter landen immer wieder ..."* / Inaugural-Dissertation zur Erlangung der Doktorwürde der Fakultät Philosophie der Ruprecht-Karls-Universität Heidelberg, Institut für Religionswissenschaft. Heidelberg 2003

Melchizedek, Drunvalo: *Die Maya der ewigen Zeit - 2012 und danach*. Live Interactive Webcast aus Ungarn am 29. Juli 2009 unter http://www.fgk.org/wp-content/uploads/2009/12/maya2012_drunvalo_29709_a.pdf

Melchizedek, Drunvalo: *Schlange des Lichts*. Burgrain 2008

Meyer, Peter: *Der Maya-Kalender*. Unter http://www.hermetic.ch/cal_stud/maya/contg.htm

Morpheus: *Die Realitätenmacher*. Wien 2005

Morpheus: *Matrix Code*. Wien 2005

Morton, Chris & Thomas, Ceri Louise: *Tränen der Götter*. München 1997

Müller, Andreas: *Kornkreise - Geometrie, Phänomene, Forschung*. Baden/München 2001

Naeye, Robert: *A Stellar Explosion You Could See on Earth!* NASA vom 21. März 2008 unter http://www.nasa.gov/mission_pages/swift/bursts/brightest_grb.html

National Geographic Society: *Versunkene Reiche der Maya*. Augsburg 1997

Nossack, Carel Bernd: *Das 2012-Rätsel*. Berlin 2009

O. A.: *"Aufatmen": Am 21.12.2012 muss die Welt nicht untergehen*. Medieninformation Nr. 272/2009 vom 2. November 2009 der Technischen Universität Berlin

O. A.: *2012 is not the end of the world, Mayan elder insists*. Am 11. Oktober 2009 unter http://www.telegraph.co.uk/news/newstopics/howaboutthat/6300744/2012-is-not-the-end-of-the-world-Mayan-elder-insists.html

O. A.: *2012: Beginning of the End or Why the World Won't End?* NASA 6. November 2009 unter http://www.nasa.gov/topics/earth/features/2012.html

O. A.: *Archäoastronom datiert Maya-Kultur um 208 Jahre um*. Am 15. November 2009 unter http://derstandard.at/1256744509615/Archaeoastronom-datiert-Maya-Kultur-um-208-Jahre-um

O. A.: *Christlicher Fundamentalismus, Esoterik: Aufklärung passé?* Sekten-Info NRW (ohne Datum) unter http://sekten-info-nrw.de/index.php?option=com_content&task=view&id=126&Itemid=46

O. A.: *Die sieben größten Rätsel unserer Zeit*. In: Bild am Sonntag am 6. Oktober 2002

O. A.: *Een diploma van niks voor 10.000 euro*. In: Algemeen Daagblad vom 10. April 2008 unter http://www.ad.nl/ad/nl/1012/Binnenland/article/detail/378542/2008/04/10/Een-diploma-van-niks-voor-10-000-euro.dhtml

O. A.: *Fauler Zauber, echter Betrug.*Neue Zürcher Zeitung online, 20. Mai 2008 unter http://www.nzz.ch/nachrichten/panorama/fauler_zauber_echter_betrug_1.737995.html

O. A.: *Komet Homes ist so hell wie der Mond*. Welt online am 25. Oktober 2007 unter http://www.welt.de/wissenschaft/article1297657/Komet_Holmes_ist_so_hell_wie_der_Mond.html

O. A.: *NASA dementiert Weltuntergang*. Frankfurter Rundschau vom 10. November 2009 unter http://www.fr-online.de/in_und_ausland/wissen_und_bildung/spezial_raumfahrt/?em_cnt=2072152&

O. A.: *NASA mit Panik-Anrufen bombardiert*. Bild online am 16. November 2009 unter http://www.bild.de/BILD/news/2009/11/16/nasa-panik-kastastrophen-film-2012/anfragen-maya-kalender.html

O. A.: *NASA sagt Weltuntergang ab*. Der Tagesspiegel vom 11. November 2009

O. A.: *Overview of the Kepler Mission*. (ohne Datum) unter http://kepler.nasa.gov/about/

O. A.: *Reaktion auf "2012"-Film: Nasa bekämpft Weltuntergangsphantasien*. Spiegel online vom 10. November 2009 unter http://www.spiegel.de/wissenschaft/weltall/0,1518,660378,00.html

O. A.: *Sekten-Beauftragte warnt vor Esoterik und Okkultismus*. Hamburger Abendblatt vom 6. November 2009

O. A.: *Solar Cycle 24 Prediction Updated May 2009*. Mai 2009 unter http://www.swpc.noaa.gov/SolarCycle/SC24/index.html

O. A.: *Was steckt hinter der Jahreszahl 2012?* Bild online (ohne Datum) unter http://www.bild.de/BILD/unterhaltung/kino/partner/sony/2009/2012/hintergrund/maya-phaenomen.html

O. A.: *Was wussten die Maya vom Weltuntergang?* T-online.de am 11. November 2009 unter http://unterhaltung.t-online.de/-2012-was-sagt-die-nasa-zum-weltuntergangszenario-/id_20502410/index

Odenwald, Michael: *Die Apokalypse lässt auf sich warten.* Focus online, 12. November 2009 unter http://www.focus.de/wissen/wissenschaft/astronomie/tid-16186/verschwoerungstheorien-die-apokalypse-laesst-auf-sich-warten_aid_453456.html

Odenwald, Michael: *Droht bald der Weltuntergang?* Focus online, 23. Oktober 2009 unter http://www.focus.de/wissen/wissenschaft/wissenschafts-dossiers/tid-15935/verschwoerungstheorien-droht-bald-der-weltuntergang_aid_447146.html

Odenwald, Michael: *Gibt es noch einen bewohnten Planeten im Sonnensystem?* Focus online, 21. Dezember 2007 unter http://www.focus.de/wissen/wissenschaft/odenwalds_universum/odenwalds-universum_aid_230504.html

Osmanagich, Sam: *The World of Maya*. Piscataway 2005

Phillips, Tony: *Solar Storm Warning*. 10. März 2006 unter http://science.nasa.gov/headlines/y2006/10mar_stormwarning.htm

Pinchbeck, Daniel: *2012: Die Rückkehr der gefiederten Schlange*. München 2007

Pinter, Christian: *Der zertrümmerte Planet*. Wiener Zeitung online vom 19. Januar 2001 unter http://www.wienerzeitung.at/Desktopdefault.aspx?TabID=3946&Alias=wzo&lexikon=Astronomie&letter=A&cob=5687

Podbregar, Nadja: *Mythos "2012"*. Scinexx Magazin am 10. November 2009 unter http://www.scinexx.de/dossier-detail-472-6.html

Pöhlmann, Matthias: *"Indigo-Kinder" - Kinder eines neuen Zeitalters?* EZW-Materialdienst, Nr. 12/2002

Prem, Hanns J.: *Die Azteken.* München 2006

Prescott, William: *Die Welt der Azteken*. Bern/München/Wien 1970

Rauner, Max: *"Lust auf Weltuntergang"*. Interview mit Nikolai Grube. In: Die Zeit vom 15. Oktober 2009 (Nr. 43)

Reuß, Jürgen: *NETZWELT: Die Wahrheit über die Außerirdischen*. In: Badische Zeitung vom 8. Januar 2010 unter http://www.badische-zeitung.de/ratgeber/computermedien/netzwelt-die-wahrheit-ueber-die-aus-serirdischen–25289108.html+

Richter, Klaus: *Fehler und Fehlinterpretationen Zecharia Sitchins*. GWUP/Die Skeptiker am 30. Juni 2003 unter http://www.gwup.org/infos/themen-nach-gebiet/91-prae-astronautik/337-fehler-und-fehlinterpretationen-zecharia-sitchins

Risi, Armin: *Kommt der Planet X ("Nibiru")?* (Ohne Datum) unter http://armin-risi.ch/Artikel/Sonstiges/Kommt_der_Planet_X_-_Nibiru.html

Risi, Armin: *Schlüssel zu Nostradamus: Wendezeit 2012 oder Weltende 3797?* (ohne Datum) unter http://armin-risi.ch/Artikel/Sonstiges/Schluessel_zu _Nostradamus_-_Wendezeit_2012_oder_Weltende_3797.html

Rivera A., Adalberto: *Die Geheimnisse von Chichen Itza*. O. O. 1995

Rohark, Jens & Krygier, Mario: *Don Eric und die Maya*. Magdeburg 2006

Rohark, Jens: *Poopol Wuuj: Das Heilige Buch des Rates der K'ichee'-Maya von Guatemala*. Magdeburg 2007

Savage, Donald: *NASA Scientist Dives into Perfect Space Storm*. Am 23. Oktober 2003 unter http://www.jpl.nasa.gov/releases/2003/140.cfm

Saveourseeds: *Neues vom Saatgut-Bunker*. Blogs.tatz.de am 11. Mai 2009 unter http://blogs.taz.de/saveourseeds/2009/05/11/neues_vom_saatgut-bunker/

Saveourseeds: *Weltuntergangs-Bunker für Saatgut eröffnet*. Blogs.tatz.de am 9. Februar 2007 unter http://blogs.taz.de/saveourseeds/2007/02/09/welt-untergangs-bunker-fuer-saatgut-eroeffnet/

Schele, Linda & Freidel, David: *A forest of Kings*. New York 1990

Schilling, Govert: *Die größten Entdeckungen der Astronomie*. Stuttgart 2009

Schilling, Govert: *The Hunt for Planet X*. Heidelberg 2008

Senkewitsch, Juri: *Mit dem Papyrusboot über den Atlantik*. Leipzig 1973

Shermer, Michael, Maihof-Christig, Benno & Trynor, Lee (Hrg.): *Endzeittaumel*. Aschaffenburg 1998

Shiga, David: *Icy moon's lakes brim with hearty soup for life*. New Scientist 23. November 2009 unter http://www.newscientist.com/article/dn18183-icy-moons-lakes-brim-with-hearty-soup-for-life.html

Siebenhaar, Wolfgang: *12 - 11 - 10 - Aus! Die "Legende" vom 12. Planeten.* Teil 1, in: G.R.A.L., Nr. 6/1994

Siebenhaar, Wolfgang: *12 - 11 - 10 - Aus! Die "Legende" vom 12. Planeten.* Teil 2, in: G.R.A.L., Nr. 1/1995

Siebenhaar, Wolfgang: *Fehler und Fehlinterpretationen in den Büchern Zecharia Sitchins, aufgezeichnet anhand ausgewählter Beispiele*. In: *Scientific Ancient Skies*, Band 2 (1995)

Sitchin, Zecharia: *Am Anfang war der Fortschritt*. München 1991

Sitchin, Zecharia: *Apokalypse*. Rottenburg 2007

Sitchin, Zecharia: *Das erste Zeitalter*. München 1994

Sitchin, Zecharia: *Der kosmische Code*. Rottenburg 2000

Sitchin, Zecharia: *Der zwölfte Planet*. Unterägeri 1979

Spehr, Tanja: *Indigo Kinder: Ein neuer Esoterik-Trend.* Sekten-Info NRW (ohne Datum) unter http://sekten-info-nrw.de/index.php?option=com_content&task=view&id=79&Itemid=46

Stamm, Hugo: *Achtung Esoterik*. Zürich 2000

Stamm, Hugo: *Im Bann der Apokalypse*. Zürich 1998

Stamm, Hugo: *Zappelphilippe oder Spirituelle?* Tagesanzeiger Zürich vom 23. Januar 2003

Stephens, John Lloyd (hrsg. & bearbeitet v. Ernst Bartsch): *Die Entdeckung der alten Mayastätten*. Stuttgart 1993

Stephens, John Lloyd: *Incidents of Travel in Central America, Chiapas and Yucatan*, Bd. 1 & 2, Wirral 1993

Stephens, John Lloyd: *Incidents of Travel in Yucatan*, Bd. 1 & 2, New York 2008

Stevenson, Mark: *Mayakalender - Einige fürchten den Weltuntergang*. Welt online, 22. Oktober 2009 unter http://www.welt.de/wissenschaft/article4936369/Mayakalender-Einige-fuerchten-den-Weltuntergang.html

Stieler, Wolfgang: *Der Weltuntergang fand nicht statt*. Telepolis am 20. Dezember 1999 unter http://www.heise.de/tp/r4/artikel/5/5609/1.html (beachten Sie dazu *Der Weltuntergang fand nach 1975 nicht mehr statt* unter http://www.heise.de/tp/r4/artikel/11/11649/1.html)

Strübin, Martin: *CountDown 2012 - Der Maya-Kalender Tzolkin und die Jetzt-Zeit*. Blaubeerwald-Institut (ohne Datum) unter http://www.blaubeerwald.de/seminare/countdown-2012-maya-kalender/artikel-countdown-2012.html

Strübin, Martin: *Countdown 2012 - Der Maya-Kalender und die Jetzt-Zeit.* Onlineinterview, 1. September 2009 bei Alpenparlament.tv unter http://www.alpenparlament.tv/index.php?option=com_content&view=article&id=142:countdown-2012-der-maya-kalender-und-die-jetzt-zeit-teil-1&catid=37:liste-der-videoaufzeichnung&Itemid=57 (2 Teile)

Sudhoff, Heinke: *Sorry, Kolumbus*. Bergisch-Gladbach 1990

Sugiyama, Saburo: *Human Sacrifice, Militarism, and Rulership.* Cambridge 2005

Valleé, Jacques: *Passport to Magonia*. Chicago 1969

Van der Worp, Jacco, Masters, Marshall & Manning, Jenice: *Das Planet X. Survival-Handbuch für 2012 und danach*. Immenstadt 2008

Virtue, Doreen: *Die Kristall-Kinder*. München 2005

von Hagen, Victor Wolfgang: *Search for Maya: The story of Stephens and Catherwood*, London 1947

Vonaburg, Barbara: *Weltuntergang muss verschoben werden*. In: Baseler Zeitung vom 21. August 2009 unter http://bazonline.ch/wissen/geschichte/Weltuntergang-muss-verschoben-werden/story/25655953/print.html

Westphal, Wilfried: *Die Maya*. Bindlach 1991

Hinweis:

Der Wissenschafts-Blog "Astrodicticum simplex" unter www.scienceblogs.de/astrodicticum-simplex/ bietet eine Flut an kritischen Beiträgen rund um die hier behandelten Themen (Suchfunktion nutzen!). In Tausenden von Kommentaren diskutieren dort Kritiker und 2012-Freunde teils hitzig über Spekulationen rund um das Thema 2012.

Anmerkungen

1 Melchizedek, Drunvalo: *Die Maya der ewigen Zeit - 2012 und danach*. Live Interactive Webcast aus Ungarn am 29. Juli 2009 unter http://www.fgk.org/wp-content/uploads/2009/12/maya2012_drunvalo_29709_a.pdf

2 Ebd.

3 Osmanagich, Sam: *The World of Maya*. Piscataway 2005 / auch: http://www.alternativnahistorija.com/WM.htm

4 Gilbert, Adrian & Cotterell, Maurice: *Die Prophezeiungen der Maya*. München, Düsseldorf 1995, S. 189

5 Baudez, Claude-François & Picasso, Sydney: *Versunkene Städte der Maya*. Ravensburg 1990, S. 8

6 Rivera, Adalberto: *Die Geheimnisse von Chichen Itza*. o.O. 1995, S. 106f

7 Schele, Linda & Freidel, David: *Die unbekannte Welt der Maya*. Augsburg 1995, S. 57

8 Krygier, Mario: *Faszination Mayaland*. Magdeburg 2009; bearbeitete PDF-Datei des Buchanhangs von Mario Krygier an Lars A. Fischinger vom 12. Januar 2010

9 Krygier, Mario: *Weltuntergang 2012*. In: Skeptiker, Nr. 1/2009, S. 24

10 http://bazonline.ch/wissen/geschichte/Weltuntergang-muss-verschoben-werden/story/25655953/print.html

11 Werbetext des Verlages unter http://www.amadeusverlag.de/products/1_19_Amadeus-Verlag/19_Bis-zum-Jahr-2012.html

12 http://www.welt.de/wissenschaft/article4936369/Mayakalender-Einige-fuerchten-den-Weltuntergang.html?print=yes#reqdrucken

13 http://www.21dezember2012.org/nostradamus.html

14 *Was steckt hinter der Jahreszahl 2012?* Bild online: http://www.bild.de/BILD/unterhaltung/kino/partner/sony/2009/2012/hintergrund/maya-phaenomen.html, o. D.

15 Gilbert, Adrian & Cotterell, Maurice: *Die Prophezeiungen der Maya*. München, Düsseldorf 1995, S. 325

16 http://www3.hoerzu.de/heft/interview_broers/#page2

17 http://www.bleepkongress.com/bleepkongress/newsarchiv/12_08_08__dr__dieter_broers_im_interview_ger.html

18 Broers, Dieter: *(R)Evolution 2012*. Berlin, München 2009, S. 13

19 Ebd., S. 211f

20 http://astrobiology.nasa.gov/ask-an-astrobiologist/intro/nibiru-and-doomsday-2012-questions-and-answers

21 Vgl. http://www.scienceblogs.de/astrodicticum-simplex/2010/04/2012-und-die-sonnenaktivitat-der-bewusstseinssprung-des-dieter-broers-teil-2.php?utm_source=feedburner&utm_medium=feed&utm_campaign=Feed%3A+ScienceBlogs%2FAstrodicticumSimplex+%28ScienceBlogs+%2F+Astrodicticum+Simplex%29

22 Broers, Dieter: *(R)Evolution 2012*. Berlin, München 2009, S. 43

23 http://www.weltverschwoerung.de/weltuntergang-2012-maya-kalender-verkuendet-ende-aller-zeiten/20294-2012-ende-aller-tage-15.html

24 http://www.feng-shui-akademie.de/zeitenwende-2012.php

25 *A Letter from a Norwegian politician*, http://www.lutzschaefer.com/index.php?id_kategorie=8&id_thema=131, 7. Januar 2008

26 E-Mail von Martin Strübin an Lars A. Fischinger vom 25. November 2009

27 http://www.projekt-cheops.eu/html/prophezeiungen.html

28 http://www.allmystery.de/themen/uf48827-4

29 Kretzschmar, Ute: *2012 und danach*. Seeon 2009, Rückentext

30 http://www.neue-tafelrunde.de/Text/Aufstieg2012.htm

31 http://www.joe-boehe.de/html/nibiru___marduk_.html

32 Osmanagich, Sam: *The World of Maya*. Piscataway 2005; siehe auch: http://www.alternativnahistorija.com/WM.htm

33 http://www.heiler-forum.net/thread_1347_Die-neue-Erde—Aufstieg-2012-in-die-5-Dimension.html

34 Holey, Johannes: *Der Jesus Code*. Fichtenau 2007, S. 323

35 Ebd., S. 325f

36 Horn, Roland M.: *Atlantis*. Grafing 2009, S. 107f

37 Melchizedek, Drunvalo: *Die Maya der ewigen Zeit - 2012 und danach*. Live Interactive Webcast aus Ungarn am 29. Juli 2009 unter http://www.fgk.org/wp-content/uploads/2009/12/maya2012_drunvalo_29709_a.pdf

38 Ebd.

39 Ebd.

40 Ebd.

41 *2012 is not the end of the world, Mayan edler insists*. Telegraph am 11. Oktober 2009 unter: http://www.telegraph.co.uk/news/newstopics/howaboutthat/6300744/2012-is-not-the-end-of-the-world-Mayan-elder-insists.html

42 Podbregar, Nadja: *Mythos "2012"*. http://www.scinexx.de/dossier-detail-472-6.html, 10. November 2009

43 Interview *"Lust auf Weltuntergang"* von Max Rauner mit Nikolai Grube in: Die Zeit, 15. Oktober 2009 (Nr. 43)

44 http://www.blaubeerwald.de/seminare/countdown-2012-maya-kalender/artikel-countdown-2012.html

45 http://www.server4customer.de/viewtopic.php?t=6154&postdays=0&postorder=asc&highlight=2012&start=15

46 http://www.blaubeerwald.de/seminare/countdown-2012-maya-kalender/artikel-countdown-2012.html

47 http://server4customer.de/viewtopic.php?t=6177

48 http://www3.hoerzu.de/heft/interview_broers/#page2

49 Bilgeri, Doris: *2012/2013. Das Jüngste Gericht*. Frankfurt a. M. 2008, S. 120f

50 Herr, M.: *Wer schuf die rätselhaften Kristallschädel?* In: Welt der Wunder, Nr. 4/2008

51 Melchizedek, Drunvalo: *Die Maya der ewigen Zeit - 2012 und danach*. Live Interactive Webcast aus Ungarn am 29. Juli 2009 unter http://www.fgk.org/wp-content/uploads/2009/12/maya2012_drunvalo_29709_a.pdf

52 http://cgi.ebay.de/Kristallschaedel-aus-Bergkristall-Corazon-de-Luz_W0QQitemZ370291757617QQcmdZViewItemQQptZEsoterik_Mystik_Magie?hash=item56371bd231 (wir besuchten diese und andere eBay-Auktionen am 27. November 2009)

53 http://www.seraphim-institut.de/deu/Buecher/

54 Tag, Karin: *2012 - Die Prophezeiungen des Kristallschädels Corazon de Luz*. Hanau 2009, S. 7

55 User-Kommentar vom 22. Dezember 2007 zu: Odenwald, Michael: *Gibt es noch einen bewohnten Planeten im Sonnensystem?* Focus online am 21. Dezember 2007 unter: http://www.focus.de/wissen/wissenschaft/odenwalds_universum/odenwalds-universum_aid_230504.html

56 Sitchin, Zecharia: *Der zwölfte Planet*. Unterägeri 1979, S. 204

57 Sitchin, Zecharia: *Der kosmische Code*. Rottenburg 2000, S. 58

58 Sitchin, Zecharia: *Versunkene Reiche*. Rottenburg 2004, S. 273

59 Sitchin, Zecharia: *Apokalypse*. Rottenburg 2007, S. 299

60 Ebd., S. 300

61 http://www.joe-boehe.de/html/nibiru___marduk_.html

62 http://planetx.blog.de/2009/01/11/nibiru-planet-x-wissenschftlich-5361317/

63 http://www.nasa.gov/topics/earth/features/2012.html

64 Risi, Armin: *Kommt der Planet X ("Nibiru")?* Unter http://www.armin-risi.ch/Artikel/Sonstiges/Kommt_der_Planet_X_-_Nibiru.html (darin wird Hazlewood dementsprechend zitiert)

65 Werbetext des Argo-Verlages, Marktoberdorf

66 http://www.nasa.gov/topics/earth/features/2012.html

67 Odenwald, Michael: *Gibt es noch einen bewohnten Planeten im Sonnensystem?* Focus online http://www.focus.de/wissen/wissenschaft/odenwalds_universum/odenwalds-universum_aid_230504.html, 21. Dezember 2007

68 http://www.raumbrueder.de/nibiru.htm

69 Broers, Dieter: *(R)Evolution 2012*. Berlin, München 2009, S. 43f

70 http://www.raumbrueder.de/nibiru.htm

71 O'Toole, Thomas: *Mystery Heavenly Body Discovered.* Washington Post, 30. Dezember 1983

72 http://www.polsprung-info.de/

73 Sitchin, Zecharia: *Der zwölfte Planet*. Unterägeri 1979, S. 9

74 Van der Worp, Jacco, Masters, Marshall & Manning, Jenice: *Das Planet X Survival-Handbuch für 2012 und danach*. Immenstadt 2008, S. 11

75 http://www.nexus-magazin.de/artikel/lesen/interview-mit-planet-x-forscher-marshall-masters?context=category&category=12

76 Van der Worp, Jacco, Masters, Marshall & Manning, Jenice: *Das Planet X Survival-Handbuch für 2012 und danach*. Immenstadt 2008

77 Heering, Kurt-J. & Müller, Jo: *Apokalypse 2012.* Wien 2009, S. 9

78 Aveni, Anthony: *Apocalypse Soon?* In: Archaeology Nr. 6/2009 (Vol. 62, November/Dezember 2009)

79 Grube, Nikolai: *Vorläufig kein Weltuntergang*. In: Abenteuer Archäologie Nr. 1/2004, S. 51

80 Krygier, Mario: *Weltuntergang 2012*. In: Skeptiker, Nr. 1/2009

81 Interview *"Lust auf Weltuntergang"* von Max Rauner mit Nikolai Grube in: Die Zeit vom 15. Oktober 2009 (Nr. 43), S. 24

82 Krusche, Rolf: *Die Maya-Handschrift Codex Dresdenis*. Frankfurt am Main 1966, S. 44

83 Zick, Michael: *Handbuch für Wahrsager*. In: Bild der Wissenschaft, Nr. 10/2009 (darin wird Grube entsprechend zitiert)

84 Ebd.

85 http://www.indalosia.de/calleman_Kommentar_2012_der_Film_des_R._Emmerich.htm

86 Podbregar, Nadja: *Mythos "2012"*, http://www.scinexx.de/dossier-detail-472-6.html, 10. November 2009

87 http://www.welt.de/wissenschaft/article4936369/Mayakalender-Einige-fuerchten-den-Weltuntergang.html?print=yes#reqdrucken

88 Makemson, Maud Worcester: *The Book of the Jaguar Priest: A Translation of the Book of Chilam Balam of Tizimin with Commentary*. New York 1951, S. 34

89 Pinchbeck, Daniel: *2012 – Die Rückkehr der gefiederten Schlange*. München 2007, S. 10

90 http://www.ufo-und-alienforum.de/thread.php?threadid=16753&threadview=0&hilight=2012+kornkreise&hilightuser=0&page=3

91 http://www.ufo-und-alienforum.de/thread.php?threadid=16753&hilight=2012+kornkreise&hilightuser=0&page=1

92 http://www.secret.tv/artikel4936072/Grenzwissenschaften

93 E-Mail von Andreas Müller an Lars A. Fischinger vom 21. Dezember 2009

94 Ebd.

95 http://www.youtube.com/watch?v=80aFqxptryY&feature=player_embedded

96 http://www.allmystery.de/themen/uf56169-7

97 Reuß, Jürgen: *NETZWELT: Die Wahrheit über die Außerirdischen*. In: Badische Zeitung, http://www.badische-zeitung.de/ratgeber/computer-medien/netzwelt-die-wahrheit-ueber-die-ausserirdischen–25289108.html, 8. Januar 2010

98 http://www.suedkurier.de/news/brennpunkte/politik/Daeniken-Erich-von-Aliens-Ausserirdische-Maya-Kalender-Interlaken;art410924,3873334

99 Däniken, Erich von: *Editorial*. In: Sagenhafte Zeiten, Nr. 1/2000, S. 2

100 Beachten Sie hierzu auch diese Seite: http://www.unmoralische.de/weltuntergang.htm

Anmerkung: Die meisten der Internetseiten wurden im Winter 2009/2010 besucht.

288 Seiten, mit 16 Seiten Farbteil, broschiert
ISBN 978-3-89845-174-1
€ [D] 17,90

Lars A. Fischinger

Das Wunder von Guadalupe

Nicht von Menschenhand

Wunder gibt es immer wieder ... Und bei der »göttlichen Fotografie« der Mutter Gottes auf der Tilma von Guadalupe scheint es sich tatsächlich um ein wahrhaft übersinnliches Bildnis zu handeln und nachweislich nicht um ein bloßes Gemälde ...
Der bekannte Sachbuchautor Lars A. Fischinger hat sich auf die Spuren der »Patronin von Mexiko« gemacht und in diesem spannenden sowie informativen Buch alle Fakten zusammengetragen, die es Ihnen erlauben, sich selbst ein Bild zu machen von diesem Bildnis der Maria von Guadalupe ...

184 Seiten, gebunden
ISBN 978-3-89845-242-7
€ [D] 17,90

Brenda Barnaby

Das Geheimnis hinter »The Secret«

Alle Geheimschlüssel der populären Botschaft, die Rhonda Byrne in ihrem Werk »The Secret – Das Geheimnis« verkündet, werden hier enthüllt, um jedem von uns Zugang zu seinem eigenen Weg zu vermitteln. Daneben enthält dieses Werk eine Sammlung von Tipps und Methoden zur Persönlichkeitsentwicklung, die von den bedeutendsten Experten unserer Zeit auf dem Gebiet des Positiven Denkens stammen. Sie halten hiermit zweifelsohne ein Buch von unschätzbarem Wert in Händen, das Ihr Leben verändern kann, wenn Sie bereit sind für ein Leben voller Erfolg, Wohlstand, Gesundheit und Harmonie.

208 Seiten, Klappenbroschur
ISBN 978-3-89845-299-1
€ [D] 14,90

Alain Bauer & Roger Dachez

Das Geheimnis um »Das verlorene Symbol«

Die Wahrheit über Dan Browns neuen Bestseller

Die Intrige des neuen Romans von Bestsellerautor Dan Brown spielt in Washington, das in seiner Stadtplanung durchdrungen ist von freimaurerischen Symbolen, und allein deren Entschlüsselung führt zur Lösung ...
Nur Experten auf dem Gebiet der Freimaurerei und der Kriminalistik sind in der Lage, die Symbole zu decodieren – um so die hinter der vordergründigen Geschichte verborgenen Inhalte ans Tageslicht zu bringen, die »Das verlorene Symbol« so einmalig machen.
Lassen Sie sich ein auf eine spannende Reise, begleitet von zwei ausgewiesenen Spezialisten.
Eine absolut notwendige Ergänzung zu Dan Browns neuem Bestseller!

232 Seiten, broschiert
ISBN 978-3-89845-154-3
€ [D] 14,90

Vadim Zeland

Transsurfing

Realität ist steuerbar

Dieses Buch löste in Russland eine wahre Revolution aus. Die Realität ist steuerbar! Wir alle glauben, wir seien abhängig von den äußeren Umständen – dabei ist es genau umgekehrt! Ihre innere Wirklichkeit kreiert die äußere Realität. So erfüllen sich Wünsche, Träume verwirklichen sich …
Transsurfing ist eine mächtige Technologie zur Realitätssteuerung. Alle, die sich mit Transsurfing beschäftigen, erleben eine Überraschung, die an Begeisterung grenzt. Die Umgebung eines Transsurfers verändert sich beinahe augenblicklich auf eine unbegreifliche Weise.
Das hat nichts mit Mystik zu tun. Das ist real.

192 Seiten, broschiert
ISBN 978-3-89845-285-4
€ [D] 14,90

Vadim Zeland

Transsurfing 4

Die zwei Gesichter der Realität

In unserem Leben nehmen die Dinge meist einfach ihren Lauf. Aber aus dieser scheinbar aussichtslosen Lage gibt es einen Ausweg: die zwei Gesichter der Realität.
In diesem Sinne gleicht die Welt tatsächlich einem gigantischen dualen Spiegel. Auf dessen einer Seite befindet sich das materielle Universum, und zu dessen anderer Seite erstreckt sich der metaphysische Variantenraum. Dort ist alles aufgezeichnet, was war, was ist und was sein wird; von dort kommen zu uns Träume, Hellsicht, intuitives Wissen und Erleuchtung. Vom Spiegel bezaubert halten wir allerdings das Spiegelbild für Realität.
Doch wir brauchen in unserem Spiegeltraum nur aufzuwachen, und ringsum wird sich Unglaubliches ereignen ...

376 Seiten, broschiert,
mit sw-Abbildungen
ISBN 978-3-89845-198-7
€ [D] 17,90

Laszlo Kreisz

Am Anfang war ...

Auf der Suche nach dem Ursprung unseres Seins

Viele Menschen haben einen tief verwurzelten Glauben daran, dass die Welt, wie wir sie kennen, kein Zufallsprodukt ist, sondern dass hinter allem doch ein – wie auch immer gearteter – »Schöpfergeist« steht. Gibt es diesen aber wirklich – einen »Gott«, der das Universum und das Leben darauf »erschuf«? Auf seiner Suche nach Antworten auf solche und zahlreiche weitere Fragen befasst sich der Autor in allgemeinverständlicher Form mit Themen wie »Geistermaterie«, »dunkle Energie« und »Spiegelwelten« sowie mit der Frage nach einer möglichen »leiblichen Auferstehung bei rückwärts laufender Zeit« – und man begreift, dass hinter allem Materiellen etwas viel Tieferes, rein Geistiges stehen muss …

184 Seiten, Klappenbroschur
ISBN 978-3-89845-289-2
€ [D] 12,90

Franziska Krattinger

2012 – Seelenpower

Die Zeitenwende als Chance

Die Zeit scheint zu rasen, und jeder fühlt sich unter Druck gesetzt. Warum? – In der Zeit des Wandels erhöht sich die Energie deutlich, und so kommen die inneren Haltungen, Ängste und Denkweisen immer direkter zum Ausdruck.
Die unterschiedlichsten Zukunftsprognosen über das, was die Menschheit bis 2012 zu erwarten hat, erreichen uns zudem täglich. Sie können sich nun treiben lassen und alles für bare Münze nehmen, was Ihnen als »Wahrheit« präsentiert wird. Sie haben jedoch auch die Option, sich selbst einen Überblick zu verschaffen, um Ihre persönliche Wahrheit zu erkennen. Es lohnt sich!

408 Seiten, broschiert
ISBN 978-3-89845-176-5
€ [D] 19,90

Frank Fabian

Die größten Lügen der Geschichte

Wie »historische Wahrheiten« gefälscht wurden

In diesem brisanten Buch geht es unter anderem um folgende Fragen: Welches sind die raffinierten Methoden und Techniken der Lüge, wenn es um »historische Tatsachen« geht? Wie manipulierten die berühmtesten Tyrannen und Diktatoren Geschichtsschreibung von der ersten Stunde an? Worin besteht die Lüge über die Entdeckung Amerikas? Das Ergebnis ist ein völlig neues Geschichtsbild, aber auch ein tieferes Verständnis der Historie und eine Immunisierung gegen alte und neue Manipulationsmethoden.

328 Seiten, broschiert,
ISBN 978-3-89845-290-8
€ [D] 18,90

Kishori Aird

Die 13. Helix

Ein Praxisbuch zur Erweckung unseres verlorenen Gens

Wenn Sie bisher geglaubt haben, die Möglichkeit, den genetischen Code zu beeinflussen, wäre allein der Wissenschaft vorbehalten, dann irren Sie sich:
Wussten Sie, dass

- die DNA über ein schwingendes, elektromagnetisches Feld verfügt, das auf unsere Gedanken und Gefühle reagiert?
- die DNA nicht nur zwei, sondern vielmehr 13 Stränge aufweist, die alle aktiviert und genutzt werden können?

Sie lernen, wie Sie selbst Ihren genetischen Code so verändern können, dass Sie lang ersehnte Ziele wie Gesundheit, Jugendlichkeit, innere Balance oder auch Selbstvertrauen mühelos erreichen.

14,90